なぜ？ どうして？

身《み》近《ちか》なぎもん 4年生

総合監修　三田大樹

Gakken

もくじ

なぜ？どうして？とっておきのぎもん

生活《せいかつ》の、なぜ？どうして？①

生活《せいかつ》の、なぜ？どうして？②

からだの、なぜ？どうして？

まち・社会《しゃかい》の、なぜ？どうして？

スポーツの、なぜ？ どうして？

生《い》き物《もの》・自然《しぜん》の、なぜ？ どうして？

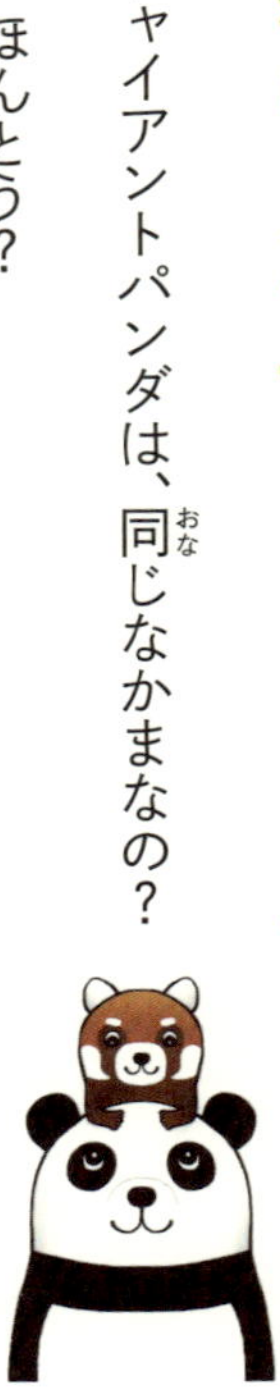

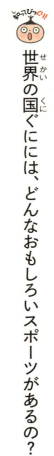

なぜ？どうして？

とっておきの ぎもん 1

パラリンピックは、いつから始《はじ》まったの？

文・渋谷典子　絵・後藤範行

一九六〇年《ねん》、イタリアのローマで夏《なつ》のオリンピックが開《ひら》かれました。そして、この年《とし》、同《おな》じローマで、車《くるま》いす競技《きょうぎ》の国際大会《こくさいたいかい》の第《だい》九回目《かいめ》が開《ひら》かれることになりました。二十三か国《こく》が参加《さんか》し、車《くるま》いすの選手《せんしゅ》によるアーチェリーや、車《くるま》いすバスケットボール、水泳《すいえい》、陸上《りくじょう》競技《きょうぎ》など、八競技《きょうぎ》五十七種目《しゅもく》が競《きそ》われました。

この車《くるま》いす競技大会《きょうぎたいかい》は、その十二年前《ねんまえ》、グットマンという医師《いし》のアイデアで、イギリスの病院《びょういん》で始《はじ》まりました。車《くるま》いすを利用《りよう》している入院《にゅういん》かん者《じゃ》のリハビリのために行《おこな》われたアーチェリーの競技会《きょうぎかい》で、最初《さいしょ》はわずか十六人《にん》の参加《さんか》でしたが、しだいに大《おお》きな大会《たいかい》へと発《はっ》てんしていきました。

「パラリンピック」が正式《せいしき》な大会《たいかい》の名前《なまえ》になったのはもう少《すこ》しあとですが、一九六〇年《ねん》にローマで開《ひら》かれたこの大会《たいかい》を、「第《だい》一回《かい》パラリンピック競技大会《きょうぎたいかい》」としています。

パラリンピックは、しょうがいのある選手《せんしゅ》が、世界《せかい》のトップを目指《めざ》して競《きそ》

い合《あ》う、スポーツの祭典《さいてん》。この名前《なまえ》は、ギリシャ語《ご》のパラ（並行《へいこう》）とオリンピックを合《あ》わせたもので、「もう一つのオリンピック」という意味《いみ》があります。

現在《げんざい》、パラリンピックは、四年《ねん》に一度《いちど》の夏《なつ》と冬《ふゆ》のオリンピックが終《お》わったすぐあとに、同《おな》じ場所《ばしょ》で開《ひら》かれています。

二〇二〇年《ねん》パラリンピック・東京大会《とうきょうたいかい》には、約《やく》四千《せん》四百人《ひゃくにん》のトップアスリートが参加《さんか》し、車《くるま》いすバスケットボールやアーチェリー、カヌー、陸上競技《りくじょうきょうぎ》、柔道《じゅうどう》など、二十二の競技《きょうぎ》が行《おこな》われました。

パラリンピックには、しょうがいのある人《ひと》に合《あ》わせたルールを設《せっ》定《てい》している競技《きょうぎ》もあります。目《め》にしょうがいのある選手《せんしゅ》が熱《あつ》い戦《たたか》いをくりひろげるゴールボールについて、しょうかいしましょう。

【ゴールボール】

一チーム三人《にん》で戦《たたか》います。すずが入《はい》ったボールを相手《あいて》ゴールに向《む》かって転《ころ》がすように投球《とうきゅう》し、得点《とくてん》を競《きそ》います。

守備側《しゅびがわ》は、ボールのすずの音《おと》や、相手《あいて》の足音《あしおと》、かすかなゆかの震動《しんどう》などをたよりに、からだ全体《ぜんたい》を使《つか》ってボールがゴールに入《はい》らないようにふせぎます。

ボールはバスケットボールくらいの大《おお》きさで、重《おも》さは約《やく》2倍《ばい》の1.25キログラム。中《なか》に2このすずが入《はい》っています。
しょうがいのていどが人《ひと》によってちがうため、全員《ぜんいん》が光《ひかり》を通《とお》さないゴーグルのようなもので目《め》をおおいます。

なぜ？どうして？

とっておきのぎもん 2

目《め》のさっ覚《かく》は、どうして起《お》こるの？

文・渋谷典子　絵・後藤範行

目《め》で見《み》たものが、実際《じっさい》のものとはちがうように見《み》えてしまうことがあります。このげんしょうを、「目《め》のさっ覚《かく》」といいます。

図《ず》1を見《み》てみましょう。

上《うえ》の横線《よこせん》と下《した》の横線《よこせん》は、まったく同《おな》じ長《なが》さですが、両《りょう》はしにかかれた線《せん》のせいで、下《した》のほうが長《なが》く見《み》えます。

これは、脳《のう》がまわりに見《み》えているもののえいきょうを受《う》けて、長《なが》さをはんだんするために起《お》こるさっ覚《かく》です。信《しん》じられないという人《ひと》は、横線《よこせん》の長《なが》さを定規《じょうぎ》ではかってみましょう。二本《ほん》の横線《よこせん》が同《おな》じ長《なが》さだということがわかります。

人《ひと》はものを見《み》るとき、目《め》のおくの網膜《もうまく》にうつった画像《がぞう》を脳《のう》ではんだんして、一《いっ》しゅんで形《かたち》や大《おお》きさ、色《いろ》、きょりなどをにんしきしています。このとき、脳《のう》がまちがったはんだんをしてしまうのがさっ覚《かく》です。「目《め》のさっ覚《かく》」といいますが、実《じっ》は脳《のう》がかんちがいして起《お》こるのです。

【図《ず》1】ミュラー・リヤー錯視《さくし》

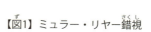

図《ず》2は、「回廊錯視《かいろうさくし》」とよばれるだまし絵《え》です。左《ひだり》のえんぴつが小《ちい》さく、右《みぎ》に行《い》くにつれて大《おお》きくなっているように見《み》えませんか。ところが、実際《じっさい》には三つとも、同《おな》じ大《おお》きさです。後《うし》ろにかかれた線《せん》によって、おく行《ゆ》きがあるように見《み》えるため、脳《のう》は、「おくにあるほうが小《ちい》さく見《み》えるはずなのに、網膜《もうまく》には同《おな》じ大《おお》きさでうつっている。ということは、実際《じっさい》には、お

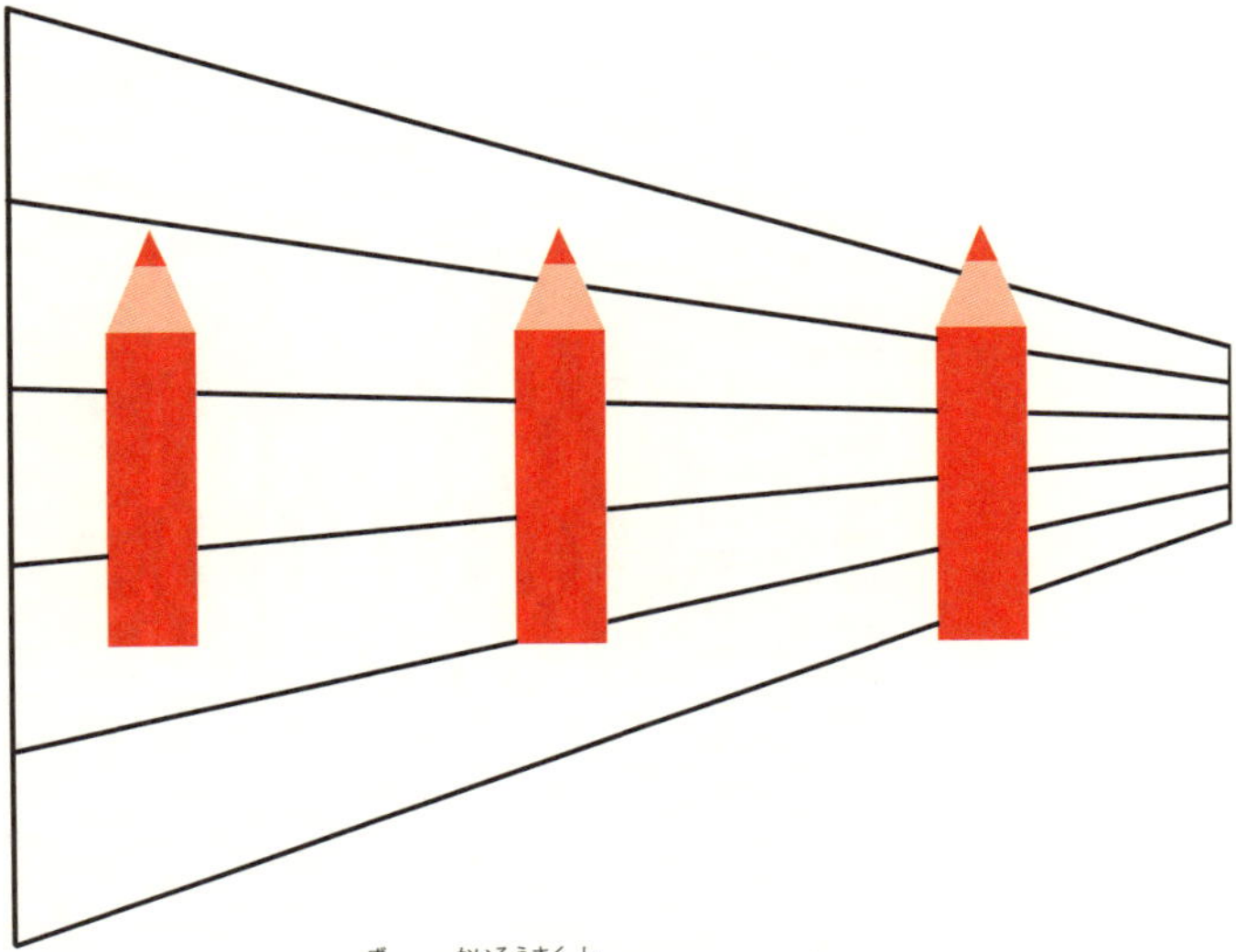

【図《ず》2】回廊錯視《かいろうさくし》

くにあるもののほうが大《おお》きい」とはんだんしてしまうので、そのように見《み》えるのです。

図《ず》3は、円《えん》と四角形《しかくけい》の組《く》み合《あ》わせによってさっ覚《かく》を起《お》こす図形《ずけい》です。中《なか》のもようが動《うご》いているように見《み》えませんか。本《ほん》をゆすってみると、たてじまと横《よこ》じまが別べつに動《うご》いて、立体的《りったいてき》に見《み》えてくるふしぎな絵《え》です。

平面《へいめん》にえがかれているのに飛《と》びだして見《み》えるトリックアートなども、このような脳《のう》のかんちがいを利用《りよう》しているのです。

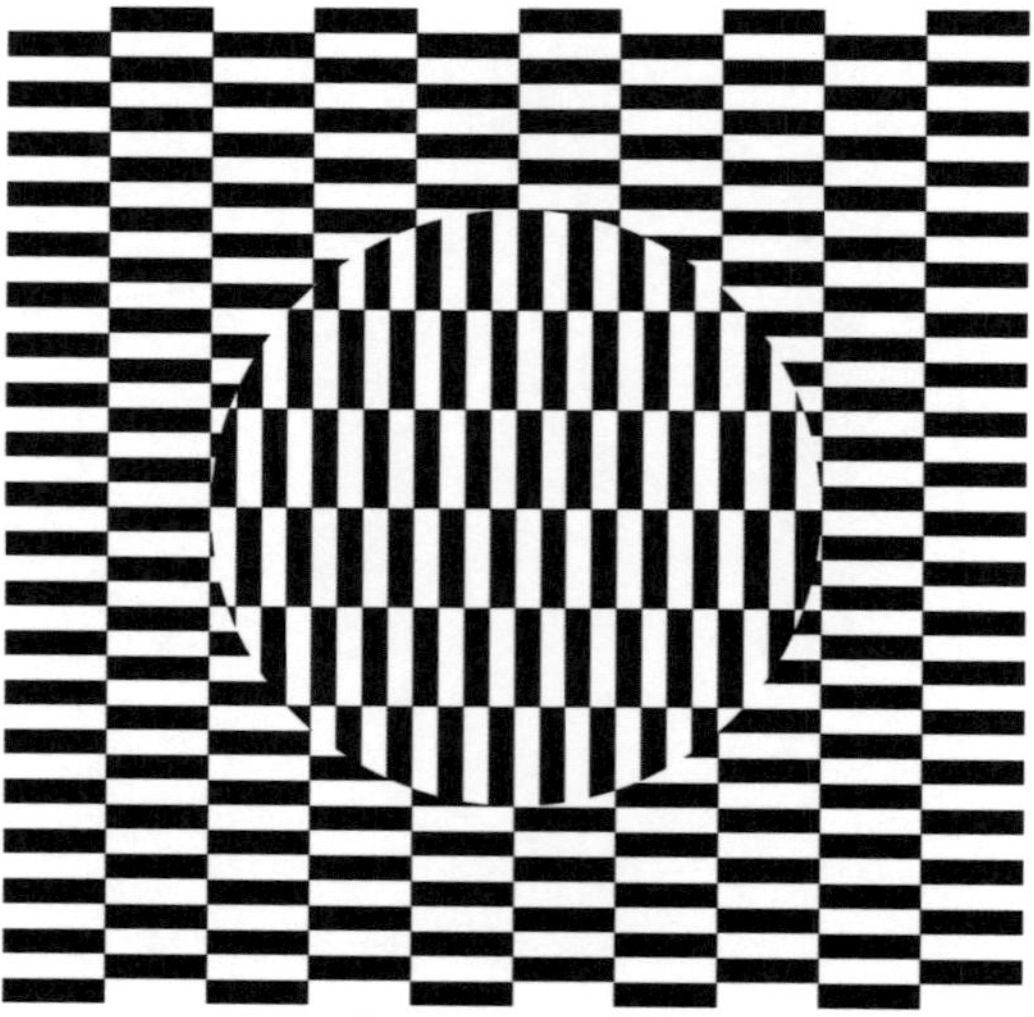

【図《ず》3】オオウチ錯視《さくし》

生活《せいかつ》の、なぜ？ どうして？①

文・甲斐 望（16～23・28～39ページ）
渋谷典子（24～27ページ） 絵・斉藤ワカメ

約束《やくそく》するとき、どうして、「ゆびきりげんまん」というの？

「ゆびきりげんまん、うそついたら、はり千本《せんぼん》飲《の》ーます！」
約束《やくそく》をする二人《ふたり》が、おたがいの小指《こゆび》をからませて歌《うた》うゆびきりの歌《うた》。友《とも》だちやお父《とう》さん、お母《かあ》さんと歌《うた》ったことがある人《ひと》もいることでしょう。
「ゆびきり」という言葉《ことば》は、どこから来《き》たのでしょうか。

昔《むかし》は、約束《やくそく》を守《まも》ることの印《しるし》として、ほんとうに、指《ゆび》を切《き》ることがあったのです。小指《こゆび》の先《さき》を切《き》って「あなたとの約束《やくそく》を守《まも》りますよ」という印《しるし》にしていたという話《はなし》が残《のこ》っています。もっとも、指《ゆび》を切《き》るのはとてもいたいことなので、にせものの指《ゆび》をわたす人《ひと》もいたそうです。聞《き》いただけで、ぶるっとふるえてしまうような話《はなし》ですが、こわい話《はなし》は、それだけではありません。

「げんまん」は、漢字《かんじ》で「拳万《げんまん》」と書《か》きます。拳《げん》は、にぎりこぶしのこと。つまり、「約束《やくそく》をやぶったら、げんこつで一万回《まんかい》打《う》たれますよ」という意味《いみ》です。「はり千本飲《せんぼんの》ます」は、「はりを千本飲《せんぼんの》ませますよ」ということです。

海外《かいがい》にもゆびきりの習慣《しゅうかん》はあります。アメリカや中国《ちゅうごく》などは、日本と同《おな》じように小指《こゆび》と小指《こゆび》をからませるやり方《かた》。韓国《かんこく》では、小指《こゆび》をからませながら、おたがいの親指《おやゆび》をハンコのように合《あ》わせるやり方《かた》もあるそうです。ただ、ゆびきりの歌《うた》に「げんまん」や「はり千本《せんぼん》」が出《で》てくるのは、日本だけのようです。

相手《あいて》にいたい思《おも》いをさせることは、もちろんいけないことですが、約束《やくそく》は、それだけ大切《たいせつ》なものですよという意味《いみ》が、こめられているのです。あなたは約束《やくそく》を、ちゃんと守《まも》っていますか。

冷蔵庫《れいぞうこ》は、いつごろからあったの？

とびらを開《あ》けると、中《なか》はひんやり。冷蔵庫《れいぞうこ》は、わたしたちの生活《せいかつ》に欠《か》かせないものですね。

冷蔵庫《れいぞうこ》の始《はじ》まりは、今《いま》から二千年《せんねん》ほど前《まえ》のヨーロッパにさかのぼります。ローマ帝国《ていこく》の皇帝《こうてい》は、高《たか》い山《やま》から取《と》ってきた氷《こおり》を、どうくつの中《なか》に入《い》れ、その中《なか》に動物《どうぶつ》の乳《ちち》や魚《さかな》など、くさりやすいものを入《い》れてほぞんしていたそうです。食《た》べ物《もの》をくさらせる細菌《さいきん》は、温度《おんど》の低《ひく》い場所《ばしょ》では、ふえにくいのです。昔《むかし》の人《ひと》もそれを知《し》っていて、どうくつの中《なか》の温度《おんど》を低《ひく》くたもつことで、食《た》べ物《もの》を長持《ながも》ちさせていたのです。

日本では、およそ千《せん》六百年前《ぴゃくねんまえ》に同《おな》じような考《かんが》え方《かた》で、食《た》べ物《もの》をほぞんしたという記《き》録《ろく》があります。土《つち》を深《ふか》くほり、草《くさ》をしいて、その上《うえ》に冬《ふゆ》の間《あいだ》に作《つく》っておいた氷《こおり》を置《お》き、かやなどでおおいます。このあなは「氷室《ひむろ》」とよばれ、中《なか》に食《た》べ物《もの》を入《い》れておくと、夏《なつ》でもくさりにくいのです。

ある日《ひ》、皇子《おうじ》が、かりをしているときに、氷室《ひむろ》を見《み》つけ、天皇《てんのう》に氷《こおり》をおみやげに持《も》ちかえりました。このできごとがきっかけで、のちにこの近《ちか》くに「氷室神社《ひむろじんじゃ》」という神社《じんじゃ》が建《た》てられたのでした。

氷室《ひむろ》はその後《ご》、貴族《きぞく》の間《あいだ》で広《ひろ》まりました。やがて、今《いま》から八百年《ぴゃくねん》ほど前《まえ》、武士《ぶし》が国《くに》を治《おさ》める鎌倉時代《かまくらじだい》になると、多《おお》くの人《ひと》びとの手《て》によって、なんと富士山《ふじさん》の雪《ゆき》が将軍《しょうぐん》のいる鎌倉《かまくら》まで運《はこ》ばれたといわれています。

やがて、時《とき》がたち、一九一〇年《ねん》ごろになると「氷冷蔵庫《こおりれいぞうこ》」が生《う》まれました。とびらの付《つ》いた木《き》のがんじょうな箱《はこ》に氷《こおり》を入《い》れて、食《た》べ物《もの》を冷《ひ》やすものです。上段《じょうだん》に氷《こおり》を入《い》れ、下段《げだん》に冷《ひ》やしたいものを入《い》れます。氷《こおり》の冷気《れいき》で下段《げだん》のものが冷《ひ》やされるのです。

氷《こおり》は、氷屋《こおりや》さんが各家庭《かくかてい》に売《う》りに来《き》て、のこぎりでちょうどいい大《おお》きさに切《き》ってくれました。もちろん氷《こおり》はどんどんとけていくので、毎朝買《まいあさか》わなくてはなりません。朝《あさ》になると、「こおり～、こおりはいらんかね」という氷屋《こおりや》さんの声《こえ》と、シャクシャクという氷《こおり》を切《き》るのこぎりの音《おと》が、まちのあちこちから聞《き》こえてきました。

日本で電気冷蔵庫《でんきれいぞうこ》が最初《さいしょ》につくられたのは、今《いま》から九十年《ねん》ほど前《まえ》の、一九三〇年《ねん》のことです。当時《とうじ》の電気冷蔵庫《でんきれいぞうこ》は、大《おお》きなとびらが一つの、重《おも》さ百《ひゃく》五十キログラム以上《いじょう》もある金庫《きんこ》のようなものでした。その三年後《ねんご》に売《う》りだされた電気冷蔵庫《でんきれいぞうこ》は、七百《ひゃく》二十円《えん》。当時《とうじ》、庭付《にわつ》きの家《いえ》が一けん買《か》えるほどのねだんでした。ですから、電気冷蔵庫《でんきれいぞうこ》はすぐには広《ひろ》まらず、ふつうの家庭《かてい》では、氷冷蔵庫《こおりれいぞうこ》が相変《あいか》わらず活《かつ》やくしていました。

その後《ご》、どんどん開発《かいはつ》が進《すす》み、今《いま》のように、電気冷蔵庫《でんきれいぞうこ》がどこの家庭《かてい》にも見《み》られるようになったのは、今《いま》から五十年《ねん》近《ちか》く前《まえ》からです。

日本で最初《さいしょ》につくられた電気冷蔵庫《でんきれいぞうこ》。

木製《もくせい》の氷冷蔵庫《こおりれいぞうこ》。

森《もり》に行《い》くと、どうしていいにおいがするの？

森《もり》に行《い》くと、思《おも》わず深呼吸《しんこきゅう》したくなるような、いいにおいがしますね。このにおいの正体《しょうたい》は、森《もり》の木《き》ぎから出《で》る「フィトンチッド」という物質《ぶっしつ》です。フィトンチッドは、木《き》の根《ね》やみきにふくまれ、おもに葉《は》から出《だ》されます。

このフィトンチッドは、一九三〇年《ねん》ごろに、ソビエト連邦《れんぽう》（今《いま》のロシアなど）のトーキン博士《はかせ》によって、発見《はっけん》されました。木《き》ぎは、小《ちい》さなきずから入《はい》ってこようとする細菌《さいきん》や、害《がい》をおよぼす虫《むし》などから身《み》を守《まも》るために、それらをころす物質《ぶっしつ》を出《だ》しています。フィトン（植物《しょくぶつ》が）チッド（ころす）というロシア語《ご》から、博士《はかせ》はこの物質《ぶっしつ》にフィトンチッドという名前《なまえ》をつけました。

フィトンチッドには、森《もり》の空気《くうき》

をきれいにするという働《はたら》きもあります。森《もり》の中《なか》には、虫《むし》や動物《どうぶつ》の死《し》がいやふん、にょう、くさった植物《しょくぶつ》などがあります。これらからにおいが発《はっ》生《せい》しているはずなのに、くさいとは感《かん》じませんね。その理由《りゆう》の一つは、フィトンチッドに、くさいにおいを消《け》して空気《くうき》をきれいにする効果《こうか》があるからです。

森《もり》に入《はい》り、フィトンチッドたっぷりのいいにおいのする空気《くうき》をすって

リラックスしてすごすことを「森林浴《しんりんよく》」といいます。森林浴《しんりんよく》は、ただ気持《きも》ちがいいだけではなく、病気《びょうき》の予防《よぼう》など、健康《けんこう》づくりにも効果《こうか》があることが、科学的《かがくてき》に証明《しょうめい》されてきています。

かびやダニなどの虫《むし》にはどくになりますが、フィトンチッドは、いいにおいがするなど、人にめぐみをあたえてくれるものです。ササの葉《は》で団子《だんご》をつつんだ「ささだんご」や、カシワの葉《は》でもちをまいた「かしわもち」は、細菌《さいきん》がふえないようにして食品《しょくひん》をくさりにくくするフィトンチッドの働《はたら》きを生《い》かした、昔《むかし》からのちえなのです。

ゆうれいは、なんで「うらめしや〜」と、いうの？

きも試《だめ》しや、ゆうれいの話《はなし》に出《で》てくるこの言葉《ことば》。
「うらめしや〜、うらめしや〜。」
聞《き》いただけで、からだがゾクゾクふるえてきますね。
昔《むかし》から、日本のゆうれいは決《き》まって「うらめしや〜」といいますが、いったいどうしてなのでしょうか。

うらめしやは、「うらむ」という言葉《ことば》からきています。ゆうれいとは、この世《よ》にくやしい思《おも》いを持《も》ったまま死《し》んだ人《ひと》が、あの世《よ》に行《い》けず、たましいだけが残《のこ》ったものだといわれてきました。特《とく》に、だれかによって死《し》に追《お》いやられた人《ひと》がゆうれいになると、うらみを持《も》ってその人《ひと》の前《まえ》にあらわれ、「おまえをまだ、うらんでいるのだ」という意味《いみ》をこめて、「うらめしや～」というのです。

「うらめしや」という言葉《ことば》が、いつから使《つか》われるようになったのかはわかりませんが、きっかけとなったのは今《いま》から二百年《ひゃくねん》ほど前《まえ》。江《え》戸《ど》(今《いま》の東京《とうきょう》)で上演《じょうえん》された「東海道四谷怪談《とうかいどうよつやかいだん》」というおしばいです。主人公《しゅじんこう》は、「お岩《いわ》さん」という名前《なまえ》で知《し》られていますが、聞《き》いたことがありますか。こんな話《はなし》です。

昔《むかし》むかし、お岩《いわ》という女性《じょせい》が、伊《い》右《え》衛門《もん》という男性《だんせい》と結《けっ》こんして、四谷《よつや》というところに住《す》んでいました。ところが、あるお金持《かねも》ちのむすめが、伊《い》右《え》衛門《もん》を好《す》きになってしまい、伊《い》右《え》衛門《もん》も、むすめが好《す》きになってしまいました。

伊《い》右《え》衛門《もん》はある日《ひ》、家《いえ》の使用人《しようにん》に、こういいました。

「このどくを、お岩《いわ》の飯《めし》に入《い》れなさい。」

そうとは知《し》らずに、どくの入《はい》ったご飯《はん》を食《た》べてしまったお岩《いわ》は、日《ひ》に日《ひ》に弱《よわ》り、かみの毛《け》がぬけ、顔《かお》の半分《はんぶん》がくずれてしまって、死《し》んでしまったのです。

「このうらみ、きっとはらしてやる〜。うらめしや〜。」

こういって、お岩《いわ》はゆうれいとなってあらわれ、たくさんの化《ば》け物《もの》とともに、伊右衛門《いえもん》たちを何度《なんど》も何度《なんど》も苦《くる》しめたのでした。

この「東海道四谷怪談《とうかいどうよつやかいだん》」の話《はなし》には、もととなった事件《じけん》があったといわれています。また、東京《とうきょう》には、お岩《いわ》さんにゆかりのある神社《じんじゃ》もあります。

「除夜《じょや》のかね」は、なんのためにつくの？

ゴーン、ゴーン、ゴーン。

一年《ねん》の終《お》わり。大《おお》みそかの夜《よる》がふけるころ、深夜《しんや》〇時《じ》をはさんでお寺《てら》からかねの音《ね》が聞《き》こえてきます。除夜《じょや》のかねです。

除夜《じょや》のかねは、大《おお》みそかから年明《としあ》けにかけて、かねをついていくものです。鳴《な》らすかねの音《ね》は、全部《ぜんぶ》で百《ひゃく》八つと決《き》まっています。

かねの音《ね》には、なやみや苦《くる》しみをたちきり、心《こころ》のみだれやよごれをはらう力《ちから》が宿《やど》ると、仏教《ぶっきょう》ではいわれています。人間《にんげん》にはみな、なやみや苦《くる》しみの数《かず》が百《ひゃく》八つあり、その一つひとつをかねで打《う》ちけしていくことで、来《く》る年《とし》を新《あたら》しい気持《きも》ちでむかえようという意味《いみ》が、こめられているのです。

ではなぜ、人間《にんげん》のなやみや苦《くる》しみは百《ひゃく》八つなのでしょう。

これには、いくつか言《い》い伝《つた》えがあり

ます。

まず一つは、人間《にんげん》には目《め》、耳《みみ》、鼻《はな》、した、からだ、心《こころ》など、ものごとを感《かん》じる場所《ばしょ》が六つあり、みだれやよごれは、ここから感《かん》じるという考《かんが》えです。この数《かず》に「昔《むかし》、今《いま》、未来《みらい》」の時間《じかん》などをかけあわせると、全部《ぜんぶ》で百《ひゃく》八通《とお》りのなやみや苦《くる》しみがあるというのです。

もう一つのいわれは、「四苦八苦《しくはっく》」という言葉《ことば》からきています。

四苦八苦《しくはっく》とは仏教《ぶっきょう》の言葉《ことば》で、「人間《にんげん》のあらゆる苦《くる》しみ」のこと。

四苦八苦《しくはっく》に、数字《すうじ》を当《あ》てはめてみると、「四・九・八・九」となりますね。四と九、八と九をかけあわせ、それらを足《た》すと、四×九＋八×九＝百《ひゃく》八となるというのです。

また、かねの上部《じょうぶ》には「乳《ち》」とよばれる小《ちい》さくとがったものがたくさんついていて、この数《かず》が全部《ぜんぶ》で百八《ひゃく》この場合《ばあい》もあります。

いつもなら、「早《はや》くねなさい！」といわれている人《ひと》も、大《おお》みそかだけは、夜《よ》ふかしをゆるされているかもしれません。これは、昔《むかし》からの言《い》い伝《つた》えで、新年《しんねん》に、家《いえ》にやってくるといわれる「年神様《としがみさま》」をみんなでむかえ、いい年《とし》にしましょうという思《おも》いがこめられています。早《はや》くねてしまうと、「しらがになる」とか、「しわがふえる」と、いわれているところもあります。

除夜《じょや》のかねは本来《ほんらい》、百七回目《ひゃくかいめ》までは大《おお》みそかの間《あいだ》につき、最後《さいご》の百八回目《ひゃくかいめ》は年《とし》が明《あ》けてからつきます。ゴーン、ゴーン……。家族《かぞく》みんなで、心静《こころしず》かに聞《き》く除夜《じょや》のかねの音《ね》は、わたしたちにすがすがしい新年《しんねん》をむかえさせてくれます。

五月五日《がっか》に、どうしてこいのぼりをあげるの？

♪屋根《やね》より　高《たか》い　こいのぼり〜♪

五月五日《がっか》はこどもの日《ひ》。毎年《まいとし》この時期《じき》になると、男《おとこ》の子《こ》のいる家《いえ》の庭先《にわさき》などで、こいのぼりがゆうゆうと空《そら》を泳《およ》ぐ様子《ようす》が見《み》られます。

五月五日《がっか》にこいのぼりをあげるようになったのは、約《やく》四百年前《ひゃくねんまえ》の江戸時代《えどじだい》から。その由来《ゆらい》は、中国《ちゅうごく》の古《ふる》くからの言《い》い伝《つた》えです。

五月《がつ》は、これから暑《あつ》くなり、体調《たいちょう》をくずしやすい時期《じき》。そのため、昔《むかし》の中国《ちゅうごく》では、「毒月《どくづき》」とよばれ、五月《がつ》五日《か》にヨモギやショウブなどの薬草《やくそう》を使《つか》って、病気《びょうき》を追《お》いはらう行事《ぎょうじ》が行《おこな》われていました。

また、月《つき》と日《ひ》の数字《すうじ》が同《おな》じ日《ひ》に悪《わる》い気《き》をはらう習《なら》わしもあり、五月《がつ》五日《か》は、病気《びょうき》やわざわいをはらう日《ひ》とされたのです。日本には、千年以上前《せんねんいじょうまえ》の奈良時代《ならじだい》に伝《つた》わり、貴《き》族《ぞく》たちの行事《ぎょうじ》になったといわれています。

これとは別《べつ》に、日本では古《ふる》くから田植《たう》え

が始《はじ》まる前《まえ》の五月《がつ》に、女《おんな》の人《ひと》が、ヨモギやショウブで屋根《やね》を作《つく》った家《いえ》にこもって、身《み》を清《きよ》めるという行事《ぎょうじ》がありました。これら二つの行事《ぎょうじ》が結《むす》びついて、五月《がつ》五日《か》には、しょうぶ湯《ゆ》に入《はい》り、わざわいをはらうという習《なら》わしが生《う》まれたといわれています。

約《やく》四百年前《ひゃくねんまえ》の江戸《えど》時代《じだい》になると、「しょうぶ」という言葉《ことば》が、「勝《しょう》負《ぶ》」や「尚武《しょうぶ》（武《ぶ》を大切《たいせつ》にする）」と同《おな》じ読《よ》み方《かた》をすることから、武士《ぶし》の家《いえ》では男《おとこ》の子《こ》の成長《せいちょう》を祝《いわ》う日《ひ》となりました。武士《ぶし》が国《くに》を治《おさ》めていた時代《じだい》、男《おとこ》の子《こ》は強《つよ》くたくましく育《そだ》つことが一番《いちばん》とされていたのです。

武士《ぶし》の家《いえ》で立《た》てられていたのは、家《いえ》の印《しるし》である「家紋《かもん》」の入《はい》ったのぼりなどでしたが、やがて五月《がつ》五日《か》の行事《ぎょうじ》がまちの人《ひと》びとにも広《ひろ》まり、武士《ぶし》に負《ま》けじと、コイの絵《え》がかかれたのぼりを立《た》てはじめました。これがこいのぼりの始《はじ》まりともいわれています。
「たきをのぼってりゅうになる」という中国《ちゅうごく》の古《ふる》い伝説《でんせつ》にも出《で》てくるコイは、健康《けんこう》や出世《しゅっせ》を表《あらわ》しています。

こいのぼりをよく見《み》てみると、一番上《いちばんうえ》に五つの色《いろ》のひらひらしたものがあるのがわかります。これは、「ふき流《なが》し」とよばれ、子《こ》どもを病気《びょうき》から守《まも》るためのまよけです。青《あお》、赤《あか》、黄《き》、白《しろ》、黒《くろ》の五色《ごしき》は、わざわいを遠《とお》ざける色《いろ》として大切《たいせつ》にされています。

♪大《おお》きい　まごいは　お父《とう》さん　小《ちい》さい　ひごいは　子《こ》どもたち♪
大空《おおぞら》をかけのぼるコイのように、子《こ》どもがすくすくと育《そだ》ちますように――人《ひと》びとは、こいのぼりに、こんな思《おも》いをこめたのです。

「世界子《せかいこ》どもの日《ひ》」を知《し》っていますか？

こどもの日《ひ》といえば、五月《がつ》五日《か》。でも実《じつ》は、もう一日《にち》あるのを知《し》っていますか。十一月《がつ》二十日《はつか》の「世界子《せかいこ》どもの日《ひ》」です。一九八九年《ねん》のこの日《ひ》、「子《こ》どもの権利条約《けんりじょうやく》（児童《じどう》の権利《けんり》に関《かん》する条約《じょうやく》）」が、＊国連《こくれん》でみとめられたからです。

「子《こ》どもの権利条約《けんりじょうやく》」とは、「学校《がっこう》に行《い》けること」や、「友《とも》だちと遊《あそ》べること」など、生《い》きることに欠《か》かせない事《こと》がらを、「子《こ》どもの権利《けんり》」として守《まも》ろうという内容《ないよう》の条約《じょうやく》です。今《いま》では世界《せかい》の百《ひゃく》九十六か国《こく》がこの条約《じょうやく》を守《まも》ると約束《やくそく》しています。

＊国連《こくれん》（国際連合《こくさいれんごう》）…世界各国《せかいかっこく》が平和《へいわ》と国際協力《こくさいきょうりょく》をすすめるための組織《そしき》。日本をふくめ、世界《せかい》のほとんどの国《くに》が入《はい》っている。

条約《じょうやく》が生《う》まれたきっかけは、今《いま》から百年《ひゃくねん》ほど前《まえ》、一人《ひとり》の男性《だんせい》の愛《あい》にあふれた行動《こうどう》が始《はじ》まりでした。

げんざいのポーランド生《う》まれのユダヤ人《じん》、ヤヌシュ・コルチャック。コルチャックは、十八歳《さい》でお父《とう》さんをなくし、家族《かぞく》をささえるため、一生《いっしょう》けん命勉強《めいべんきょう》して医者《いしゃ》になりました。

ところが戦争《せんそう》がはげしくなり、コルチャックは軍医《ぐんい》として、中国《ちゅうごく》へ行《い》くよう命令《めいれい》されたのです。そこで目《め》

家《いえ》にしたのは、戦争《せんそう》で親《おや》をなくした子《こ》どもたちのすがたでした。家《いえ》もなく、明日《あす》生《い》きられるかもわからない子《こ》どもたちを見《み》て、コルチャックは決意《けつい》しました。

「自分《じぶん》のこれからの人生《じんせい》を、子《こ》どもたちのためにささげよう。」

戦地《せんち》からもどると、コルチャックは、教育《きょういく》の勉強《べんきょう》にはげみました。そして、ポーランドのまちに、親《おや》のないユダヤ人《じん》の子《こ》のための家《いえ》「孤児《こじ》たちの家《いえ》」を建《た》てました。続《つづ》いてポーランド人《じん》の孤児《こじ》たちがくらす「ぼくたちの家《いえ》」をつくり、二つの家《いえ》の交流《こうりゅう》を始《はじ》めたのです。

コルチャックは、生活《せいかつ》の決《き》まりを、すべて子《こ》どもたち自身《じしん》に考《かんが》えさせました。子《こ》どもたちは、さいばんを開《ひら》いて、けんかなどの問題《もんだい》を解決《かいけつ》したり、病気《びょうき》の子《こ》どもやおさない子《こ》どもの世話《せわ》をしたりしました。こうして、コルチャックに信《しん》らいされ、自信《じしん》を持《も》ちはじめた子《こ》どもたちに、少《すこ》しずつ生《い》きる希望《きぼう》がわいてきたのです。

ところが――ポーランドが戦争《せんそう》に負《ま》けると、ユダヤ人《じん》は、ドイツ軍《ぐん》によって、遠《とお》い森《もり》の収容所《しゅうようじょ》に連《つ》れていかれることになってしまいました。それは、死《し》を意味《いみ》していました。

コルチャックは、教育者《きょういくしゃ》としてドイツでも有名《ゆうめい》だったため、収《しゅう》容所《ようじょ》に行《い》かなくてもよいとされましたが、こういいました。

「わたしも、子《こ》どもたちとともに行《い》きます。」

そして、収容所《しゅうようじょ》で子《こ》どもたちとともに、ぎせいとなったのです。

子《こ》どもたちを二度《にど》と不幸《ふこう》にさせないよう、コルチャックの願《ねが》いを受《う》けついでいこう――コルチャックがつくった、子《こ》どもの権利《けんり》についての考《かんが》えは、子《こ》どもの権利条約《けんりじょうやく》にえいきょうをあたえました。

「世界子《せかいこ》どもの日《ひ》」は、こうして生《う》まれたのです。

文・甲斐望　絵・永吉カヨ　知ってびっくり！マーク・森佳世

生活《せいかつ》の、なぜ？ どうして？②

文・メルプランニング（46～58・66～72ページ）
嵯峨苗穂子（59～62ページ） 渋谷典子（63～65ページ）
絵・タカタカヲリ

どうして、いなりずしにはおいなりさんと、「さん」をつけるの？

いなりずしは、あまからくにた油《あぶら》あげの中《なか》に、酢《す》をまぜたご飯《はん》をつめた食《た》べ物《もの》です。

「おいなりさん」とよぶこともあります。人間《にんげん》ではないのに、「さん」づけでよぶのは、おもしろいですね。「おすしさん」とか「おむすびさん」とはいわないのに、いなりずしは「さん」づけです。

おいなりさんとよぶようになった理由《りゆう》については、いろいろな話《はなし》が伝《つた》わっています。どれがほんとうなのか、よくわかっていませんが、その中《なか》の一つの話《はなし》を、しょうかいしましょう。

日本の各地《かくち》には、いなり神社《じんじゃ》という神社《じんじゃ》があります。いなり神社《じんじゃ》にまつられている神様《かみさま》の使《つか》いは、キツネです。使《つか》いというのは、わたしたち人間《にんげん》に、神様《かみさま》の気持《きも》ちや言葉《ことば》を伝《つた》える役目《やくめ》をする、と信《しん》じられている動物《どうぶつ》のことです。そのキツネの好《こう》物《ぶつ》は昔《むかし》から油《あぶら》あげとい

われていたので、昔《むかし》の人《ひと》びとは、いなり神社《じんじゃ》の神様《かみさま》の使《つか》いを大切《たいせつ》に思《おも》って、油《あぶら》あげを神社《じんじゃ》におそなえするようになりました。

そして、今《いま》から二百年《ひゃくねん》くらい前《まえ》、いなり神社《じんじゃ》におそなえしてあった油《あぶら》あげを使《つか》って、おすしが作《つく》られるようになったといわれています。これが、いなりずしの始《はじ》まりです。

いなり神社《じんじゃ》は、親《した》しみをこめて、「おいなりさん」ともよばれているので、いなりずしのことも同《おな》じように、「お

わたしも おいなり さんよ！
ぼくも おいなり さん だよ！

いなりさん」とよぶようになっていったのです。

ところで、ある地方《ちほう》では、いなりずしのことを、「きつねずし」とよびます。いなりずしの形《かたち》も、地方《ちほう》によってちがいます。西日本《にしにほん》では三角形《さんかくけい》、東日本《ひがしにほん》では、たわら形《がた》に作《つく》ることが多《おお》いようです。たわら形《がた》というのは、米《こめ》を入《い》れるたわらのような形《かたち》のことです。

ご飯《はん》に、ニンジンやゴボウなど、具《ぐ》をまぜるところもあれば、何《なに》も入《い》れないところもあります。

同《おな》じ食《た》べ物《もの》でも、地方《ちほう》によって、名前《なまえ》や作《つく》り方《かた》がちがうということが、よくあります。

あなたの家《いえ》では、どんないなりずしを食《た》べますか。

さとうは、何《なに》からどうやって作《つく》るの？

さとうには、いろいろな種類《しゅるい》があります。真《ま》っ白《しろ》でさらさらのグラニューとう、少《すこ》しべたっとした感《かん》じがする上白《じょうはく》とう、茶色《ちゃいろ》っぽい色《いろ》の黒《くろ》ざとう。色《いろ》、形《かたち》、口《くち》に入《い》れたときの感《かん》じや、さわった感《かん》じなどが、それぞれちがいます。しかし、どのさとうも、原料《げんりょう》は「サトウキビ」か、「テンサイ」という植物《しょくぶつ》です。

サトウキビは、平均気温《へいきんきおん》が二十度以上《どいじょう》の、あたたかい土地《とち》で育《そだ》つ植物《しょくぶつ》です。日本では、沖縄県《おきなわけん》、九州地方《きゅうしゅうちほう》、四国地方《しこくちほう》の一部《いちぶ》で、さいばいされています。葉《は》は、トウモロコシの葉《は》ににています。くきはタケににていて、二〜三メートルほどの高《たか》さに成長《せいちょう》します。このくきの部分《ぶぶん》から、さとうが作《つく》られます。

テンサイは、すずしい気候《きこう》で育《そだ》つ植物《しょくぶつ》で、日本では、おもに北海道《ほっかいどう》でさいばいされています。葉《は》は、大《おお》きなホウレンソウのような形《かたち》をしています。さとうを作《つく》

テンサイ

サトウキビ

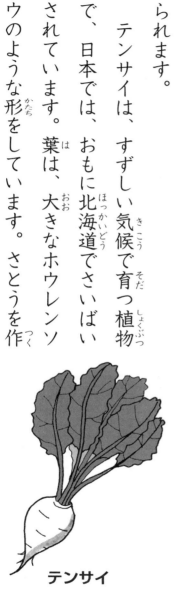

るときに使《つか》われるのは、根《ね》の部分《ぶぶん》で、根《ね》は大《おお》きなカブのような形《かたち》をしています。

現在《げんざい》、日本で作《つく》られるさとうの約《やく》八十パーセントが、テンサイから、残《のこ》りの約《やく》二十パーセントが、サトウキビから作《つく》られています。どちらのさとうも、成分《せいぶん》に変《か》わりはありません。

それでは、サトウキビからどのようにして、さとうが作《つく》られるのかを、しょうかいしましょう。

まず、くきを細《こま》かく切《き》りきざんで、くきにふくまれているあまいしるをしぼりだします。そして、しるをにつめて、結晶《けっしょう》を作《つく》ります。この結晶《けっしょう》にふくまれる「ショとう」という成分《せいぶん》が、さとうのもとです。しかし結晶《けっしょう》の中《なか》には、ほかに、たんぱく質《しつ》、カルシウム、ナトリウムなど、いろいろな成分《せいぶん》がふくまれているので、それらを取《と》りのぞくために、水《みず》あらいしたり、こしたり、特別《とくべつ》な機械《きかい》にかけていきます。このような作業《さぎょう》をくりかえして、できあがったものが、上《じょう》白《はく》とうです。

　グラニューとうは、ほかの成分《せいぶん》を、ほとんど取《と》りのぞき、ショとうだけを残《のこ》したさとうです。

上白《じょうはく》とうは、グラニューとうに

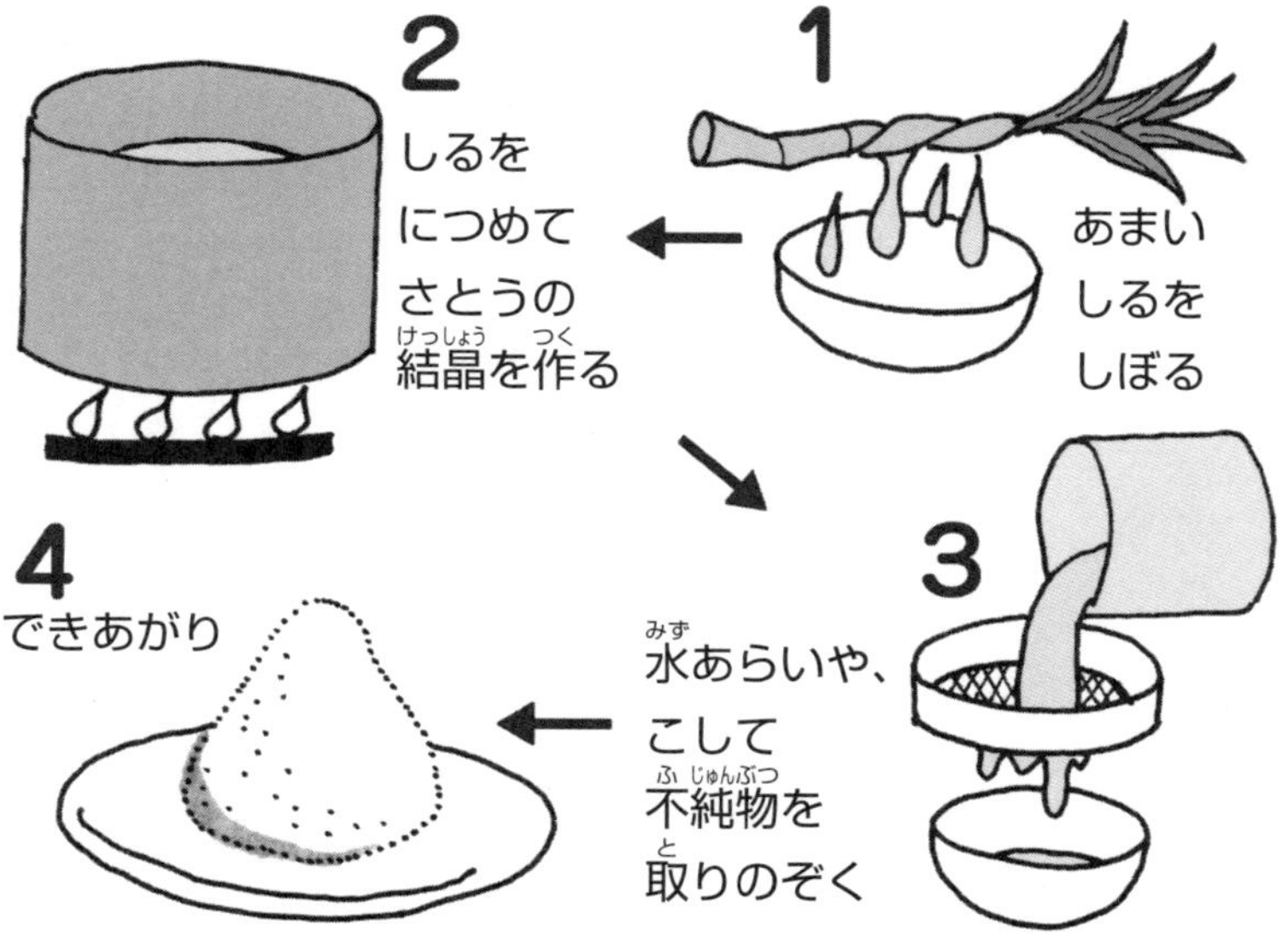
1
あまいしるをしぼる
2
しるをにつめてさとうの結晶《けっしょう》を作《つく》る
3
水《みず》あらいや、こして不純物《ふじゅんぶつ》を取《と》りのぞく
4
できあがり

くらべると、ショとう以外《いがい》の成分《せいぶん》が少《すこ》しまざっています。

黒《くろ》ざとうは、サトウキビからしぼったしるをにつめて、冷《ひ》やして、固《かた》めたものです。ショとう以外《いがい》の成分《せいぶん》がたくさんまざっているので、色《いろ》が茶色《ちゃいろ》っぽくて、独特《どくとく》な香《かお》りや味《あじ》がします。

ところで、サトウキビは、自動車《じどうしゃ》のガソリンの代《か》わりになる、バイオエタノールというアルコール燃料《ねんりょう》の原料《げんりょう》にもなります。バイオエタノールは、サトウキビのくきにふくまれる、とうみつから作《つく》ることができます。サトウキビの生産量《せいさんりょう》が世界一《せかいいち》のブラジルでは、九十年《ねん》ほど前《まえ》から、バイオエタノールを自動車《じどうしゃ》のガソリンにまぜて使《つか》っており、今《いま》では、バイオエタノールだけで走《はし》る車《くるま》もあります。

かんづめは、どうしてくさらないの？

店《みせ》で買《か》ったトマトやサンマを、そのまま置《お》いておいたら、どうなるでしょう。くさって、食《た》べられなくなってしまいますね。

ところが、トマトやサンマをかんづめにすると、長《なが》い間《あいだ》くさることがありません。かんを開《あ》けなければ、三年《ねん》くらいはおいしく食《た》べることができます。食《た》べ物《もの》を、長《なが》い間《あいだ》おいしくほぞんできるということは、かんづめの特長《とくちょう》の一つです。

かんづめが長《なが》い間《あいだ》くさらないのは、かんづめの中《なか》に、ものをくさらせる細菌《さいきん》がいないからです。

多《おお》くのかんづめは、次《つぎ》のようにして作《つく》られます。

まず、材料《ざいりょう》についているよごれなどをあらって、きれいにします。皮《かわ》や種《たね》など、食《た》べられないところは取《と》りのぞきます。肉《にく》や魚《さかな》など調《ちょう》理《り》が必要《ひつよう》なものは、むしたり、焼《や》いたり、にたりします。それから、かんにつめて、塩《しお》や油《あぶら》、味付《あじつ》けの液《えき》などを、いっしょに入《い》れます。

次《つぎ》に、かんの中《なか》の空気《くうき》をぬいて、すき間《ま》ができないように、しっかり

②かんにつめる　①下《した》ごしらえ

と固《かた》くふたをします。

そして、かんのまま、外《そと》から熱《ねっ》します。野菜《やさい》や肉《にく》、魚《さかな》などのかんづめは、百度《ひゃくど》以上《いじょう》の温度《おんど》で、時間《じかん》をかけて熱《ねっ》します。果物《くだもの》のかんづめは、酸《さん》味《み》が強《つよ》いので、温度《おんど》を百度《ひゃくど》以下《いか》にし、短《みじか》い時間《じかん》、熱《ねっ》すれば殺菌《さっきん》できます。最後《さいご》に水《みず》でかんづめを冷《ひ》やせば、できあがりです。

食《た》べ物《もの》がくさる原因《げんいん》は、おもに細《さい》菌《きん》です。細菌《さいきん》はとても小《ち》さいので、

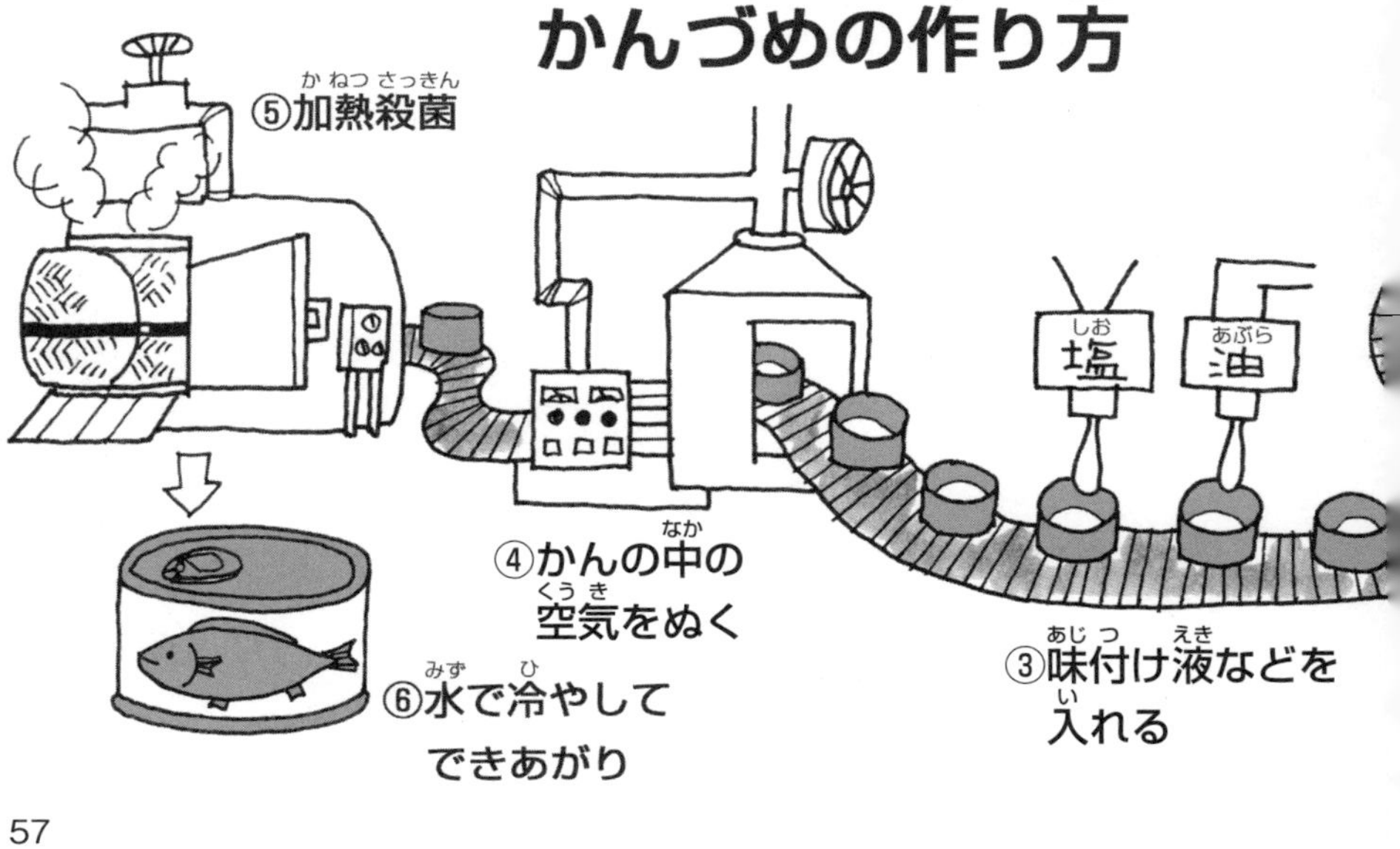
かんづめの作《つく》り方《かた》
⑤加熱殺菌《かねつさっきん》
塩《しお》
油《あぶら》
④かんの中《なか》の
空気《くうき》をぬく
⑥水《みず》で冷《ひ》やして
できあがり
③味付《あじつ》け液《えき》などを
入《い》れる

目《め》で見《み》ることはできません。でも、空気中《くうきちゅう》に飛《と》んでいたり、わたしたちの手《て》や洋服《ようふく》、つくえやかばんなど、あちらこちらについていています。からだの中《なか》に、すみついているものもいます。このような細菌《さいきん》の中《なか》に、食《た》べ物《もの》をくさらせる細菌《さいきん》がいるのです。

かんづめを作《つく》るときに、しっかりとふたをするのは、細菌《さいきん》がかんの中《なか》に入《はい》らないようにするためです。そして、かんを熱《ねっ》するのは、中《なか》の細菌《さいきん》を殺《ころ》して活動《かつどう》を止《と》めるためです。このような作《つく》り方《かた》をすることで、かんづめの中《なか》は、細菌《さいきん》がいないじょうたいになります。だから、かんづめの中《なか》の食《た》べ物《もの》は、長《なが》い間《あいだ》くさらないのです。

恵方《えほう》まきは、なぜえんぎがいいの？

　二月《がつ》の節分《せつぶん》の日《ひ》に、ある方角《ほうがく》を向《む》いて恵方《えほう》まきというまきずしを食《た》べると、えんぎがいいといわれています。「恵《めぐみ》」に、方角《ほうがく》の「方《ほう》」で、「恵方《えほう》」。つまり、幸運《こううん》をもたらすえんぎのいい方角《ほうがく》、という意味《いみ》です。

　恵方《えほう》には、福《ふく》の神《かみ》がいると考《かんが》えられています。福《ふく》の神《かみ》は、その年《とし》のよいことをまねいてくれる神様《かみさま》で、毎年《まいとし》、いる場所《ばしょ》がちがいます。どの方角《ほうがく》にいるのかは、その年《とし》のえとなどによって決《き》まります。そのため、恵方《えほう》は毎年《まいとし》、変《か》わるのです。

その年《とし》の恵方《えほう》、つまり福《ふく》の神《かみ》のいる方角《ほうがく》を向《む》いて、七つの具《ぐ》をまいた長《なが》いまきずしを、切《き》らずにそのまま食《た》べます。

具《ぐ》が七つなのは、恵比須《えびす》、大黒天《だいこくてん》、毘沙門天《びしゃもんてん》、弁財天《べんざいてん》、福禄寿《ふくろくじゅ》、寿老人《じゅろうじん》、

布袋《ほてい》という七人《にん》の神様《かみさま》、つまり七福神《しちふくじん》からきています。商売《しょうばい》がうまくいくように、病気《びょうき》や災害《さいがい》に苦《くる》しむことのないようにという人《ひと》びとの願《ねが》いを聞《き》いて、毎日《まいにち》の生活《せいかつ》を守《まも》ってくれる神様《かみさま》たちです。

さらに、具《ぐ》をまくことで、「福《ふく》をまきこむ」という願《ねが》いもこめています。また、切《き》らずに長《なが》いまま食《た》べるようになったのは、縁《えん》や運《うん》を切《き》らないようにという意味《いみ》があります。

では、一年《ねん》の無事《ぶじ》を願《ねが》う恵方《えほう》まきの行事《ぎょうじ》が、なぜお正月《しょうがつ》ではなく、節分《せつぶん》に行《おこな》われるのでしょうか。

昔《むかし》のこよみ（カレンダー）は、月《つき》の動《うご》きをもとにしたもので、太《たい》陽《よう》の動《うご》きをもとにした今《いま》のカレンダーとはちがっていました。節分《せつぶん》は大《おお》みそかに近《ちか》い日《ひ》だったので、おにを追《お》いはらい、来年《らいねん》の福《ふく》をよぶ行事《ぎょうじ》を行《おこな》っていたのです。

恵方《えほう》まきは、もともと、大阪《おおさか》の商人《しょうにん》たちが、商売《しょうばい》がはんじょうするようにと願《ねが》って行《おこな》っていた習《なら》わしだという説《せつ》もありますが、はっきりとはわかっていません。

昭和時代《しょうわじだい》までは、この習《なら》わしは大阪《おおさか》などの一部《いちぶ》の地《ち》いきでしか知《し》られていませんでしたが、平成《へいせい》になって、コンビニエンスストアやデパート、スーパーマーケットのせんでんなどで、全国《ぜんこく》に広《ひろ》まるようになりました。

「ショートケーキ」って、外国では、別《べつ》のおかしなの？

ふわふわのスポンジケーキの上《うえ》に、真《ま》っ白《しろ》なホイップクリームと真《ま》っ赤《か》なイチゴ。「ショートケーキ」といわれたら、みなさん、そんなおかしを思《おも》いうかべることでしょう。ところが、イギリスやアメリカなどのケーキ屋《や》さんでたのむと、別《べつ》のおかしが出《で》てきてしまいます。

このように、英語《えいご》をもとに日本でつくられた英語風《えいごふう》の言葉《ことば》や、もともとの英語《えいご》の意味《いみ》とはちがっていて日本独自《どくじ》の使《つか》い方《かた》をしているために、英語《えいご》としては通用《つうよう》しにくい言葉《ことば》はたくさんあります。例《たと》えば、「ソフトクリーム」「ノートパソコン」などもそうです。

イギリスやアメリカには、「strawberry shortcake《ストロベリー ショートケイク》」というおかしがあります。これは、食用油脂《しょくようゆし》のショートニングを入《い》れて焼《や》いたビスケット（外側《そとがわ》はサクサクで内側《うちがわ》はふっくらした食感《しょっかん》）で、イチゴやホイップクリームをはさみ、イチゴソースなどをそえたもの。日本のショートケーキとは、まったく別《べつ》のおかしです。

日本で最初《さいしょ》にショートケーキが売《う》り出《だ》されたのは、大正時代《たいしょうじだい》ではないかといわれています。これは、アメリカ式《しき》の「ショートケイク」をアレンジし、スポンジケーキにバタークリームをぬったものでした。イチゴを使《つか》っていたかどうかは、わかっていません。

電気冷蔵庫《でんきれいぞうこ》が使《つか》われ始《はじ》めた昭和《しょうわ》三十年代後半《ねんだいこうはん》には、今《いま》と同《おな》じような、スポンジケーキの間《あいだ》にホイップクリームとイチゴをはさみ、さらにホイップクリームとイチゴで、はなやかにデコレーションしたものが、「ショートケーキ」という名《な》前《まえ》で売《う》られ、日本中《じゅう》に広《ひろ》まりました。

こうして、アメリカやイギリスとはまったく別《べつ》のおかしが、日本でショートケーキとよばれて、親《した》しまれるようになったのです。

校庭《こうてい》にある遊具《ゆうぐ》、「うんてい」の名前《なまえ》の由来《ゆらい》は？

「うんてい」は、「長《なが》いはしご」というような意味《いみ》です。漢字《かんじ》で書《か》くと、「雲梯《うんてい》」です。「梯《てい》」は、少《すこ》しむずかしい字《じ》ですが、「はしご」とも読《よ》みます。

昔《むかし》、中国《ちゅうごく》では、王様同士《おうさまどうし》が戦《たたか》っていた時代《じだい》がありました。そのころ、車輪《しゃりん》の付《つ》いた台《だい》に、折《お》りたたんだはしごをのせた兵器《へいき》が考《かんが》えだされました。はしごをのばして、城《しろ》のかべにかけて、せめこんだのです。それは、まるで雲《くも》までとどきそうな長《なが》いはしごだったので、「雲梯《うんてい》」という名前《なまえ》が付《つ》けられました。

この兵器《へいき》が、校庭《こうてい》や公園《こうえん》にある遊具《ゆうぐ》の名前《なまえ》のもとになっています。

遊具《ゆうぐ》のうんていは、今《いま》か

ら百《ひゃく》三十年《ねん》から百《ひゃく》四十年《ねん》ほど前《まえ》、明治時代《めいじじだい》の中《なか》ごろに、アメリカから日本に伝《つた》わったようです。その当時《とうじ》、ある日本人《じん》が、長《なが》いはしごの両《りょう》はしを、柱《はしら》でささえたようなうんていの形《かたち》を見《み》て、「空《そら》にかかる雲《くも》のようなはしごだ」と思《おも》ったことから、「うんてい」と名付《なづ》けられたといわれています。

うんていのことを、英語《えいご》では「モンキーバー」といいます。モンキーは「サル」、バーは「ぼう」という意味《いみ》です。片手《かたて》でぼうにぶらさがりながら、手《て》をのばして進《すす》んでいく様子《ようす》が、木《き》から木《き》へとびうつって進《すす》んでいくサルに、にているからです。

日本でも、うんていのことを「さるわたり」と、よぶことがあります。

どうしたら、字《じ》がうまくなるの？

字《じ》がうまくなるためには、大切《たいせつ》なことが三つあります。

一つ目《め》は、正《ただ》しいしせいで字《じ》を書《か》くことです。しせいが悪《わる》いと、横《よこ》ぼうや、たてぼうがゆがんで、字《じ》の形《かたち》がみだれることが多《おお》くなるからです。

いすにすわるときは、つくえとおなかの間《あいだ》を、げんこつ一つ分《ぶん》、空《あ》けましょう。せすじはピンとのばして、目《め》を、つくえから三十センチメートルくらいはなします。

二つ目《め》は、えんぴつを正《ただ》しく持《も》つことです。しせいと同《おな》じで、えんぴつの持《も》ち方《かた》がまちがっていると、字《じ》の形《かたち》がみだれることがありますし、かたやうでに力《ちから》が入《はい》って、つかれてしまいます。

えんぴつは、人差《ひとさ》し指《ゆび》と親指《おやゆび》の先《さき》で軽《かる》くつまんでから、中指《なかゆび》で軽《かる》くささえます。ぎゅっと強《つよ》くにぎらないで、えんぴつを落《お》とさないていどに力《ちから》をぬきましょう。小指《こゆび》は、自然《しぜん》な感《かん》じで紙《かみ》につけます。

えんぴつは、たおしすぎないように、気《き》をつけてください。えんぴつを持《も》っていないほうの手《て》は、軽《かる》く紙《かみ》をおさえます。

三つ目《め》は、漢字《かんじ》ドリルや漢字練習帳《かんじれんしゅうちょう》などを使《つか》って、毎日《まいにち》、字《じ》の練《れん》習《しゅう》をすることです。これが一番《ばん》大事《だいじ》です。練習《れんしゅう》するときは、お手本《てほん》の字《じ》をよく見《み》ながら、ゆっくりと、ていねいに書《か》くことです。特《とく》に、次《つぎ》の点《てん》に気《き》をつけましょう。ぼうとぼうの間《あいだ》や、へんとつくりの間《あいだ》が、どれくらい空《あ》いているか。それ

毎日《まいにち》、練習《れんしゅう》する！
つくえと目《め》を約《やく》30cm《センチメートル》はなす
せすじをピンとのばす
えんぴつを正《ただ》しく持《も》つ

ぞれのぼうの長《なが》さは、どれくらいか。はねるところ、止《と》めるところ、はらうところはどこか。これらのことに気《き》をつけながら、字《じ》を書《か》くと、きれいな字《じ》になるのです。正《ただ》しい書《か》き順《じゅん》で書《か》く、ということも大事《だいじ》です。

漢字《かんじ》ドリルや漢字練習帳《かんじれんしゅうちょう》などの上《うえ》に、トレーシングペーパーという半《はん》とう明《めい》の紙《かみ》をのせて、お手本《てほん》の字《じ》をなぞって練習《れんしゅう》するのも、よい方法《ほうほう》です。

一つの字《じ》を、十五回《かい》から二十回《かい》は、くりかえして練習《れんしゅう》しましょう。何回《なんかい》も練習《れんしゅう》しているうちに、必《かなら》ず、きれいな字《じ》が書《か》けるようになります。きれいな字《じ》は、一生《いっしょう》のたから物《もの》です。

知《し》ってびっくり!!

日本人《じん》は食《た》べるのに、外国《がいこく》の人《ひと》は食《た》べないものって？

日本人《じん》はおいしいと思《おも》うのに、外国《がいこく》では「なぜ、そんなものを食《た》べるの」と、びっくりされる食《た》べ物《もの》があります。日本人《じん》はおいしく食《た》べるのに、外国《がいこく》ではあまり食《た》べられないものを、取《と》りあげてみました。外国《がいこく》の人《ひと》は、なぜ食《た》べないのでしょうか。

海《かい》そう

黒《くろ》いから食《た》べない！

欧米《おうべい》では、黒《くろ》は不吉《ふきつ》な色《いろ》とされるため、ヒジキやノリなどの黒《くろ》っぽい海《かい》そうは、あまり好《この》まれませんでした。ですから、アメリカで考《かんが》えられたまきずしの、「カリフォルニアロール」は、ノリを内側《うちがわ》にまいて、黒《くろ》い色《いろ》が目立《めだ》たないようにしています。

くさいから食《た》べない！

納豆《なっとう》

納豆《なっとう》は、ダイズを納豆菌《なっとうきん》の力《ちから》で発《はっ》こうさせた食《た》べ物《もの》で、ダイズをそのまま食《た》べるより、栄養《えいよう》がぐんとアップします。

納豆《なっとう》のにおいは、納豆菌《なっとうきん》が作《つく》りだしたものですが、外国《がいこく》の人《ひと》にとって、このにおいは強《つよ》すぎて、苦手《にがて》な人《ひと》が多《おお》いようです。

また、ねばねばと糸《いと》をひく様子《ようす》も、クモの巣《す》のようだということで好《この》まれません。

くさいから食《た》べない！

マツタケ

日本では、きのこのなかまのうち、一番《いちばん》、香《かお》りがよいものとされ、一本《ぽん》一万円《まんえん》という高《たか》いねだんで売《う》られることもあります。

しかし、日本以外《いがい》の多《おお》くの国《くに》では、マツタケの香《かお》りは、くつ下《した》のにおいににているといって食《た》べません。また、ヨーロッパの古《ふる》い言葉《ことば》でマツタケをさす「トリコローマ・ナウセオスム」は、「くさいきのこ」という意味《いみ》です。

想像《そうぞう》できないから食《た》べない！

あずきあん

日本や中国《ちゅうごく》などアジアでは、おかしによく使《つか》われるあずきあん。欧米《おうべい》では、豆《まめ》をさとうであまくにた料理《りょうり》がないため、味《あじ》を想《そう》像《ぞう》することができず、口《くち》に入《い》れるのをためらう人《ひと》が多《おお》いようです。

欧米《おうべい》で、さとうであまくにる食《た》べ物《もの》といえば、果物《くだもの》を使《つか》ったジャムが有名《ゆうめい》です。あずきあんは、欧米《おうべい》ではビーンジャム（豆《まめ》のジャム）と、よばれています。

きけんだから食《た》べない！

生《なま》たまご

日本では、生《なま》たまごをご飯《はん》にかけて食《た》べますが、多《おお》くの国《くに》では食《た》べません。それは、ニワトリを飼育《しいく》するかんきょうが日本のように清潔《せいけつ》でなかったり、出荷前《しゅっかまえ》に殺菌《さっきん》していないところがあり、たまごにサルモネラ菌《きん》が付《つ》き、食中毒《しょくちゅうどく》を引《ひ》きおこすことがあるからです。

ほかには、生《なま》ぐさい、動物《どうぶつ》のにおいがするという理由《りゆう》で食《た》べない人《ひと》もいます。

食《た》べ物《もの》だと思《おも》えないから食《た》べない！ ゴボウ

食物《しょくもつ》せんいが多《おお》く、健康《けんこう》によいゴボウは、大昔《おおむかし》に中国《ちゅうごく》から伝《つた》わった食《た》べ物《もの》で、日本では野菜《やさい》として食《た》べられています。でも、中《ちゅう》国《ごく》では、薬草《やくそう》やお茶《ちゃ》として使《つか》われるだけで、調理《ちょうり》して食《た》べることはありません。

また、見《み》かけが木《き》の根《ね》っこに見《み》えるという理《り》由《ゆう》で、食《た》べ物《もの》とは考《かんが》えていない国《くに》も多《おお》くあります。

食《た》べ物《もの》だと思《おも》えないから食《た》べない！ 数《かず》の子《こ》

お正月《しょうがつ》のおせちに欠《か》かせない、数《かず》の子《こ》は、ニシンという魚《さかな》のたまごを、塩《しお》づけにしたものです。

最近《さいきん》、日本ではニシンがほとんどとれないため、数《かず》の子《こ》は外国《がいこく》から輸入《ゆにゅう》しています。

しかし、ほとんどの国《くに》では、魚《さかな》のたまごを食《た》べる習慣《しゅうかん》がなかったため、日本に数《かず》の子《こ》を輸《ゆ》出《しゅつ》する前《まえ》は、すてていました。

文・メルプランニング　絵・タカタカヲリ　知ってびっくり！マーク・森佳世

からだの、なぜ？ どうして？

文・入澤宣幸
絵・森のくじら

どうして、ゆめを見《み》るの？

夜《よる》、ねむっていると、いろいろなゆめを見《み》ますね。ときには、自《じ》分《ぶん》でもびっくりするようなゆめを見《み》ることがあります。「ゆめを見《み》ない」という人《ひと》がいますが、実《じっ》は覚《おぼ》えていないだけで、ゆめを見《み》ているともいわれています。では、なぜ、ゆめを見《み》るのでしょう。

ねむっているとき、脳《のう》は完全《かんぜん》に休《やす》んでいるわけではありません。

ねむっている間《あいだ》、脳《のう》は働《はたら》いていて、そのついでにつくったものが、ゆめだと考《かんが》えられています。しかし、はっきりしたことは、まだ、わかっていません。

わたしたちは、目《め》で物《もの》を見《み》ているように思《おも》いますが、正《ただ》しくいうと、脳《のう》で見《み》ています。目《め》には光《ひかり》が入《はい》ってくるだけで、それだけでは見《み》たことになりません。目《め》が受《う》けとった光《ひかり》の信号《しんごう》は、脳《のう》へ送《おく》られます。そこで、光《ひかり》の信号《しんごう》が、物《もの》の形《かたち》としてうつしだされて、初《はじ》めて物《もの》を見《み》たということになるのです。

音《おと》も同《おな》じです。音《おと》の信号《しんごう》が、やはり脳《のう》へ送《おく》

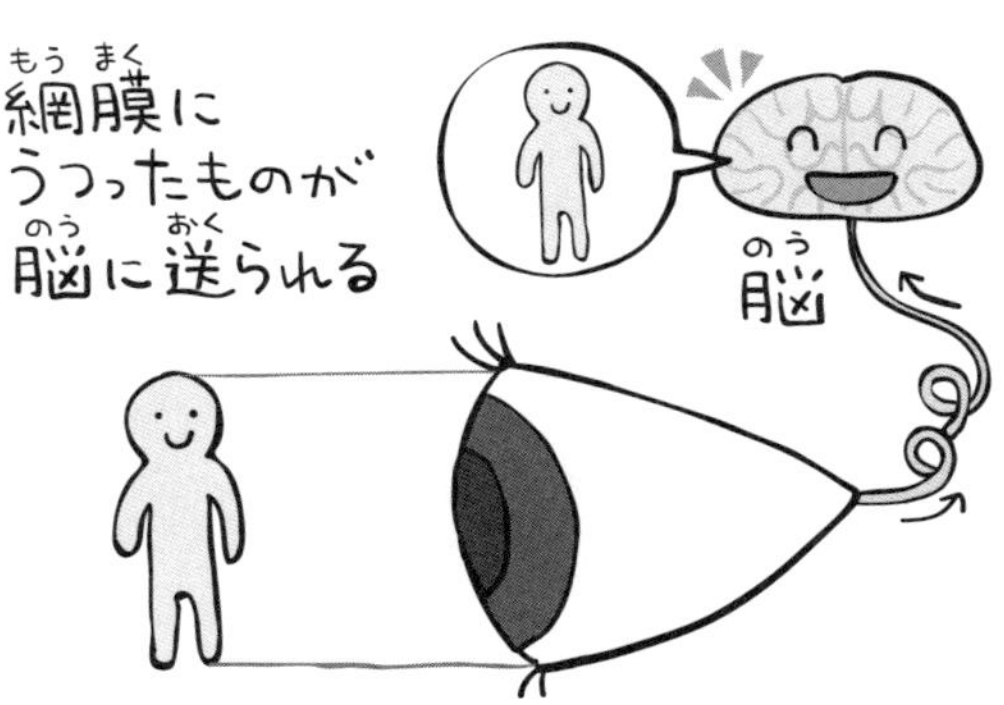
網膜《もうまく》にうつったものが脳《のう》に送《おく》られる
脳《のう》

られ、そこで聞《き》いているのです。ゆめの中《なか》で、見《み》えたり聞《き》こえたりするものは、そのときに目《め》や耳《みみ》から入《はい》ってきた信号《しんごう》ではなく、脳《のう》の中《なか》でつくられたものです。

人間《にんげん》の脳《のう》は、起《お》きているときのできごとを、ねむっている間《あいだ》に整《せい》理《り》しています。大切《たいせつ》に思《おも》ったことは覚《おぼ》えておこうとし、どうでもよいと思《おも》ったことは、わすれようとします。脳《のう》はそのよりわけ作業《さぎょう》を、

ねむっている間《あいだ》にしているのです。

その作業中《さぎょうちゅう》に、ふとしたきっかけで、できごとの記《き》おくのかけらが変化《へんか》することがあります。そして脳《のう》の中《なか》にうつしだされ、音が聞《き》こえるように感《かん》じるものがゆめだと考《かんが》えられています。

ふだん、なんとなく気《き》になっていることや、昼間会《ひるまあ》った人《ひと》が、ゆめに出《で》てくるのは、そのためかもしれません。

また、ねむっている間《あいだ》におしっこがたまると、おしっこをするゆめを見《み》たり、となりにねている人《ひと》におされると、何《なに》かにぶつかったゆめを見《み》たりと、実際《じっさい》に起《お》こっていることが、ゆめのきっかけになることもあるようです。

金《かな》しばりは、どうして起《お》こるの？

金《かな》しばりになったことはありますか。ねむっている間《あいだ》、からだがしめつけられたようになって、動《うご》けなくなることを、金《かな》しばりといいます。金《かな》しばりになったことのある人《ひと》は、こわい思《おも》いをしたことでしょう。

金《かな》しばりが起《お》こるのは、すいみん不足《ぶそく》や、運動《うんどう》をしすぎたときなど、からだがつかれているときが多《おお》いようです。また、不規則《ふきそく》な生《せい》活《かつ》が続《つづ》いているときや、旅行中《りょこうちゅう》など、脳《のう》がこうふんしていてなかなか休《やす》まらないときにも起《お》こるようです。

つまり、脳《のう》は起《お》きているのに、からだがつかれているために、思《おも》うように、動《うご》けなくなるのです。

ねむっているとき、脳《のう》は完全《かんぜん》に休《やす》んでいるわけではありません。浅《あさ》いねむりと深《ふか》いねむりが、一〜二時間《じかん》ごとにくりかえされています。浅《あさ》いねむりを、「レムすいみん」といいます。ゆめを見《み》るのも、金《かな》しばりが起《お》こるの

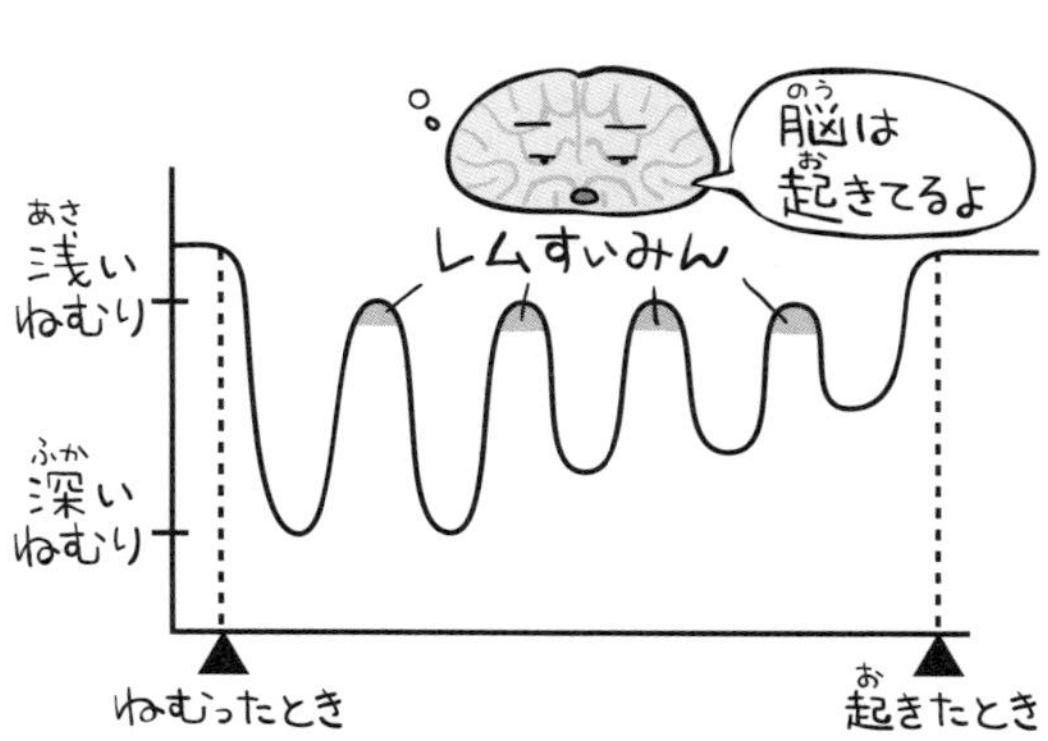
脳《のう》は起《お》きてるよ
レムすいみん
浅《あさ》いねむり
深《ふか》いねむり
ねむったとき
起《お》きたとき

も、ほとんどレムすいみん中《ちゅう》です。
金《かな》しばりになっている人《ひと》は、目《め》をとじています。ですから、意識《いしき》がはっきりしていると思《おも》うのは、たぶんその人《ひと》のさっ覚《かく》でしょう。

ゆうれいやあやしいものにおさえつけられた、という人《ひと》もいます。また、動《うご》けなくなっている自分《じぶん》のすがたを、天《てん》じょうから見《み》た、という人《ひと》もいます。ですが、実際《じっさい》は、おそらく気《き》のせい、またはそういうゆめを見《み》ているだけといえるでしょう。

どうして、赤《あか》ちゃんのおしりは青《あお》いの？

児斑《じはん》

赤《あか》ちゃんのおしりを見《み》たことのある人《ひと》は、知《し》っていると思《おも》いますが、赤《あか》ちゃんのおしりには、青《あお》みがかった、あざのようなものがあります。

でも大《おお》きくなるにつれ、だんだん、おしりの青《あお》いあざは、消《き》えていきます。なぜ、赤《あか》ちゃんのおしりには、青《あお》いあざがあるのでしょう。

このあざの青《あお》みは、からだの色《いろ》をつくりだすもと、メラニン細胞《さいぼう》です。赤《あか》ちゃんのときだけ、おしりの皮《ひ》ふの下《した》に、特《とく》にまとまってあるので、あざのように見《み》えるのです。

でも、なぜ、メラニン細胞《さいぼう》がおしりに多《おお》いのかは、わかっていません。

この青《あお》いあざを、「児斑《じはん》」といいます。青《あお》いあざは、ほとんどの日本人《じん》の赤《あか》ちゃんに見《み》られます。また、アジアのほかの国《くに》や、黒人《こくじん》の赤《あか》ちゃんにもよく見《み》られます。しかし、白人《はくじん》の赤《あか》ちゃんにはあまり見《み》られません。

人間《にんげん》をふくめ、動物《どうぶつ》のからだの色《いろ》は、「メラニン色素《しきそ》」でつくられます。メラニン色素《しきそ》が、皮《ひ》ふにあると、太陽《たいよう》からの紫外線《しがいせん》を、皮《ひ》ふで受《う》けとめることができます。紫外線《しがいせん》を浴《あ》びすぎるのは、からだによくありません。メラニン色素《しきそ》のおかげで、からだの中《なか》に紫外線《しがいせん》がたくさん入《はい》っていかずにすんでいます。

このメラニン色素《しきそ》をつくるのがメラニン細胞《さいぼう》です。メラニン細胞《さいぼう》は、皮《ひ》ふにまんべんなくあります。赤《あか》ちゃんのとき、おしりの皮《ひ》ふの下《した》にだけ、メラニン細胞《さいぼう》がまとま

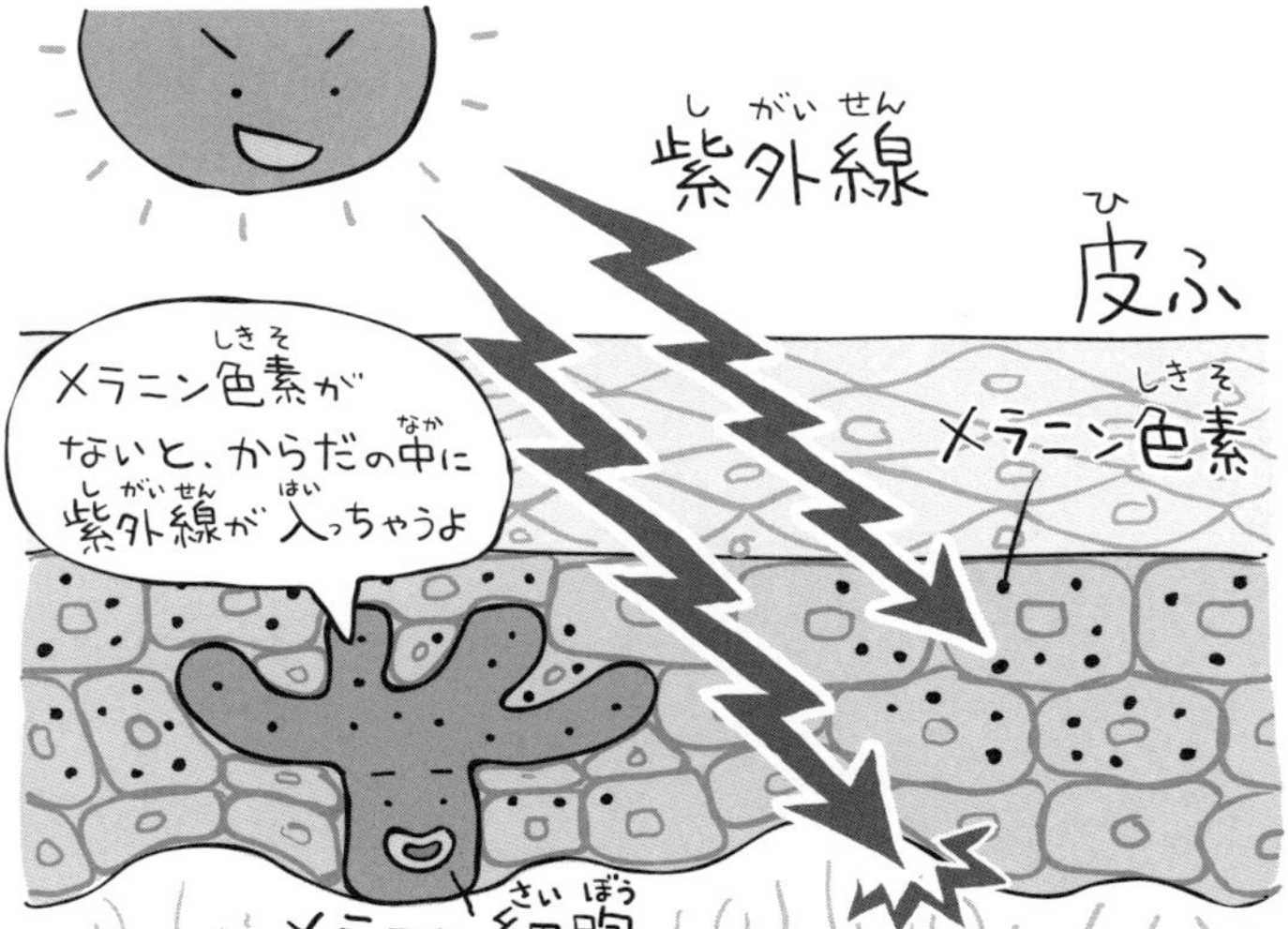
紫外線《しがいせん》
皮《ひ》ふ
メラニン色素《しきそ》がないと、からだの中《なか》に紫外線《しがいせん》が入《はい》っちゃうよ
メラニン色素《しきそ》
メラニン細胞《さいぼう》

ってあっても、特《とく》に役立《やくだ》つことはありません。

そして、日本人《じん》の赤《あか》ちゃんに児斑《じはん》の多《おお》い理由《りゆう》も、わかっていません。

昔《むかし》からある慣用句《かんようく》で、「しりが青《あお》い」といういい方《かた》があります。

これは、まだ一人前《にんまえ》とはいえない人《ひと》のことを、赤ちゃんのおしりに例《たと》えていう言葉《ことば》です。

人《ひと》の目《め》や耳《みみ》は、なぜ二つずつあるの？

わたしたちのからだには、口《くち》のように一つだけのものと、目《め》や耳《みみ》のように、二つあるものがあります。どうして、目《め》や耳《みみ》は二つあるのでしょう。

それは、目《め》や耳《みみ》を二つ使《つか》うと、一つ使《つか》うときよりも、くわしく見《み》たり聞《き》いたりできるからです。

目《め》は、ものを見《み》るために使《つか》います。目《め》の前《まえ》のものに当《あ》たった光《ひかり》が、はねかえって目《め》に入《はい》り、その光《ひかり》の信号《しんごう》が、脳《のう》へ送《おく》られます。脳《のう》は、その信号《しんごう》によって、目《め》の前《まえ》にどんなものがあるのかを知《し》ります。これが「見《み》る」ということです。

目《め》は、左右《さゆう》にはなれて付《つ》いています。そのため、それぞれの目《め》へ入《はい》る光《ひかり》は、同《おな》じではありません。左右《さゆう》の目《め》からは、別《べつ》べつの信号《しんごう》が脳《のう》へ送《おく》られます。右目《みぎめ》からは、ものを右《みぎ》からとらえた信号《しんごう》が送《おく》られ、左目《ひだりめ》からは、ものを左《ひだり》からとらえた信号《しんごう》が送《おく》られ

〈ものを見《み》るとき〉

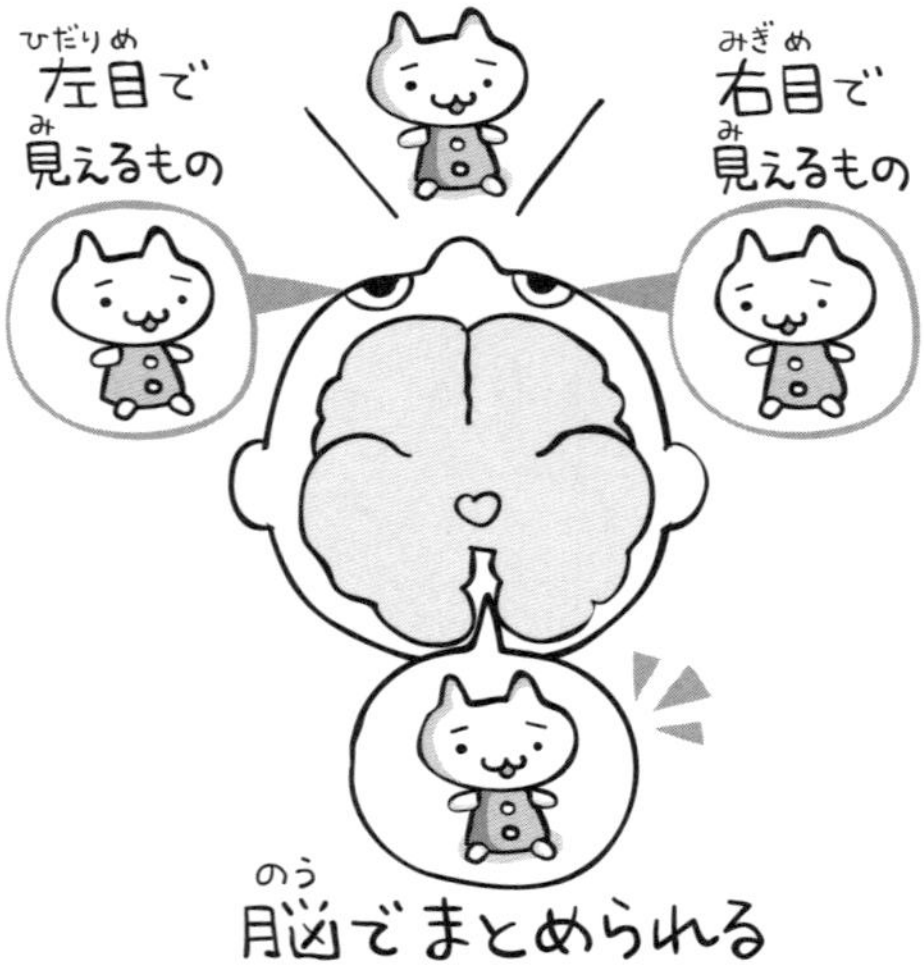
右目《みぎめ》で
見《み》えるもの
左目《ひだりめ》で
見《み》えるもの
脳《のう》でまとめられる

ます。この二つの信号《しんごう》で、脳《のう》は、目《め》の前《まえ》のものを、立体的《りったいてき》（３Ｄ《スリーディー》）に見《み》ることができるのです。

目《め》が二つあるために、ものの形《かたち》だけではなく、あつみや、自分《じぶん》からどれだけはなれているか、などといったこともふくめて、立体的《りったいてき》に見《み》ることができるのです。

耳《みみ》も同《おな》じです。二つの耳《みみ》は音《おと》を受《う》けとりますが、はなれて付《つ》いているために、ちがう受《う》けとり方《かた》をします。その二つの音《おと》の信号《しんごう》が、別《べつ》べつに脳《のう》へ送《おく》られるので、脳《のう》は単《たん》に音《おと》だけではなく、音《おと》のする方向《ほうこう》もふくめて、

「聞《き》く」ことができるのです。また、音《おと》が近《ちか》づいているのか、遠《とお》ざかっているのかも、知《し》ることができます。

目《め》や耳《みみ》は、周《まわ》りの様子《ようす》を知《し》るために大事《だいじ》なものです。目《め》に眼帯《がんたい》をしているときなどは、見《み》え方《かた》が変《か》わるので、気《き》をつけましょう。

なぜ、鼻血《はなぢ》が出《で》るの？

特《とく》にいたいわけではないのに、鼻《はな》のあなから血《ち》が出《で》てきた……。あなたにも、覚《おぼ》えがありませんか。鼻血《はなぢ》は、なぜ出《で》るのでしょう。それは、鼻《はな》のあなの中《なか》に、きずつきやすくて、血《ち》の出《で》やすいところがあるからです。

鼻《はな》のあなの入《い》り口《ぐち》から、五ミリメートルくらいまでのかべは、顔《かお》の皮《ひ》ふとつながっていますが、それよりおくのかべは、うすくてやわらかい「粘膜《ねんまく》」になっています。

鼻《はな》のあなの入《い》り口《ぐち》から一～二センチメートルくらいの、粘膜《ねんまく》の内側《うちがわ》には、細《こま》かい血管《けっかん》が、あみの目《め》のように、はりめぐらされています。ここは、たいへんきずつきやすくて弱《よわ》いところです。特《とく》に、子《こ》どもの粘膜《ねんまく》はうすいので、きずつきやすく、血《ち》が出《で》やすくなっています。

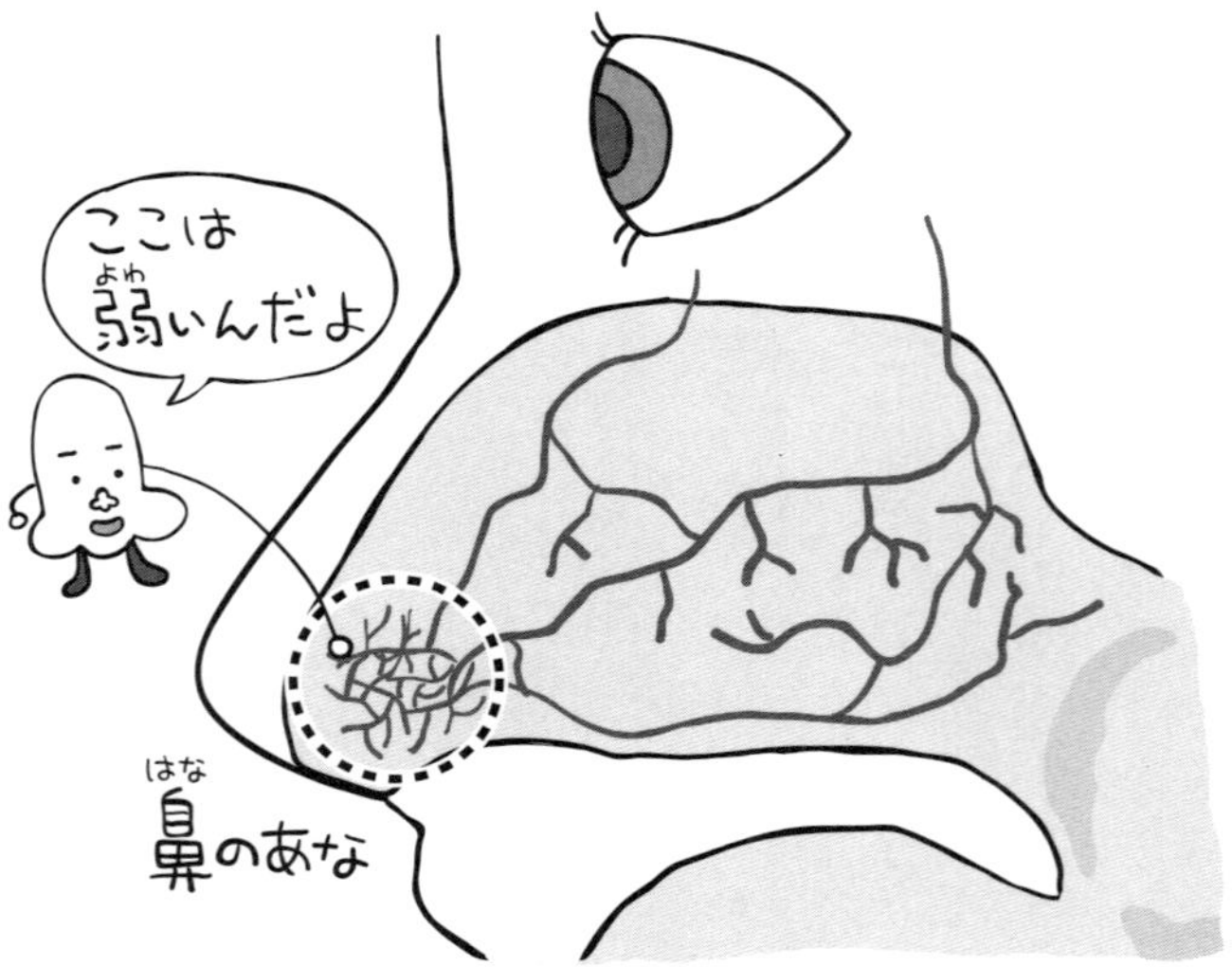

例《たと》えば、ボールが顔《かお》に当《あ》たったとします。このとき、鼻《はな》に力《ちから》が加《くわ》わると、それだけで鼻《はな》のあなの中《なか》の粘膜《ねんまく》は、きずつくことがあります。すると、細《こま》かい血管《けっかん》がやぶれて、血《ち》が出《で》てくるのです。指《ゆび》を入《い》れたことでもきずつき、鼻血《はなぢ》が出《で》ることがあります。鼻血《はなぢ》が止《と》まったあとには、かさぶたができますが、このかさぶたが、はがれて鼻血《はなぢ》が出《で》ることもあります。くしゃみをしたり、知《し》らない間《あいだ》に鼻《はな》をこすったりして、かさぶたがはがれてしまうのです。

アレルギーで、さらに鼻血《はなぢ》が出《で》やすくなる場合《ばあい》もあります。アレルギーとは、例《たと》えば花粉《かふん》やほこりなどを、からだがあぶないものと感《かん》じ、受《う》けいれまいとして大《おお》さわぎしてしまうことです。花粉《かふん》やほこりなどが、鼻《はな》の中《なか》に入《はい》ると、粘膜《ねんまく》に付《つ》きます。すると、それらが粘膜《ねんまく》から入《はい》りこまないように、からだががんばりすぎるため、粘膜《ねんまく》がはれて、きずつきやすくなるのです。

鼻血《はなぢ》が出《で》たときには、あわてずにすわり、少《すこ》し前《まえ》かがみになって、鼻血《はなぢ》が出《で》てきているほうの小鼻《こばな》をしっかりとおさえましょう。鼻《はな》のあなに近《ちか》いほうの、ちょっとふくらんだところです。上《うえ》を向《む》いたり横《よこ》になったりすると、血《ち》がのどへ流《なが》れてきて、気持《きも》ちが悪《わる》くなることがあります。

ティッシュペーパーがあったら、鼻《はな》のあなに入《はい》る大《おお》きさにして、つめるとよいでしょう。だっしめんでもよいのですが、かわいた血《ち》がはりつきやすいため、引《ひ》きぬくときに、また粘膜《ねんまく》をきずつけることがあります。なんこうをぬったガーゼを入《い》れておくのが、一番《いちばん》よいでしょう。

首《くび》の後《うし》ろ側《がわ》をたたくと、早《はや》く止《と》まる、という人《ひと》がいますが、それはまちがいです。顔《かお》がゆれて、かえってたくさん血《ち》が出《で》ることがありますので、気《き》をつけましょう。

小鼻《こばな》をおさえる
なんこうをぬったガーゼをつめる
こしを下《お》ろし少《すこ》し前《まえ》かがみになる

指《ゆび》をポキポキ鳴《な》らすと、指《ゆび》が太《ふと》くなるってほんとう？

指《ゆび》をポキッと鳴《な》らす人《ひと》がいます。気分《きぶん》がいいといって、鳴《な》らすのがくせになっている人《ひと》もいます。でも、「鳴《な》らしたところが太《ふと》くなる」という人《ひと》もいます。ほんとうでしょうか。

たいして太《ふと》くはならない、というのが答《こた》えです。

そもそも、指《ゆび》はなぜ鳴《な》るのでしょう。音《おと》の感《かん》じから、ほねの音《おと》のように聞《き》こえますが、実《じつ》は、あわのはじける音《おと》です。ほねとほねとがつながる両《りょう》はしは、「なんこつ」といって、少《すこ》しやわらかくなっています。なんこつ同士《どうし》の間《あいだ》には、わずかなすき間《ま》があり、ふくろのようなもので包《つつ》まれています。ふくろの中《なか》は、液体《えきたい》で満《み》たされています。ここを「関節《かんせつ》」といいます。関節《かんせつ》を急《きゅう》に引《ひ》っぱったり、強《つよ》く曲《ま》げたりすると、液体《えきたい》の中《なか》にあわができます。そして、そのあわはすぐにはじけます。この音《おと》が、周《まわ》りのふくろやほねなどにひびいて、「ポキッ」という音《おと》になるのです。レントゲン写《しゃ》

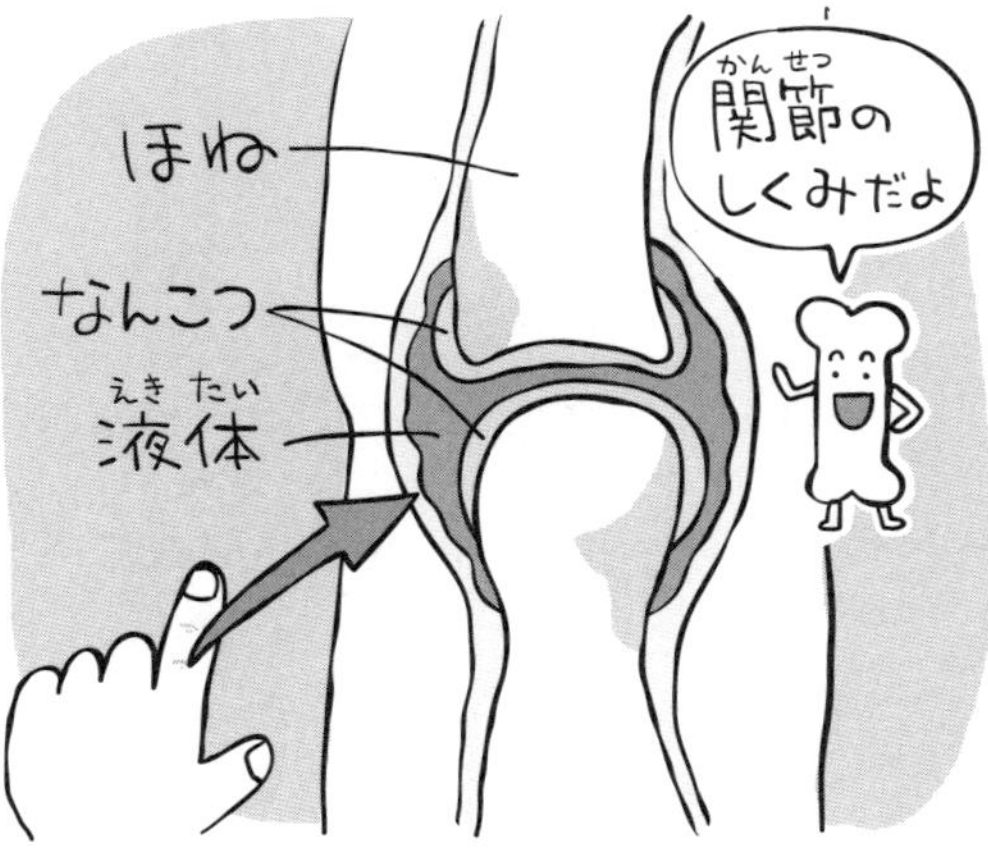

真《しん》をとると、あわができて消《き》える様子《ようす》を見《み》ることができます。

一度《ど》鳴《な》らすと、しばらく鳴《な》らすことができません。それは、はじけたあわが小《ちい》さいあわになり、液体《えきたい》に残《のこ》っているため、新《あたら》しい大《おお》きなあわが、できにくくなるからです。

さて、あわがはじけるとき、一《いっ》しゅんですが、しょうげきが起《お》こります。このしょうげきは、ごくわずかですが、やわらかいなんこつをきずつけることになります。きずついたところは、からだが治《なお》そうとするため、たんぱく質《しつ》やカルシウムが集《あつ》まります。すると、

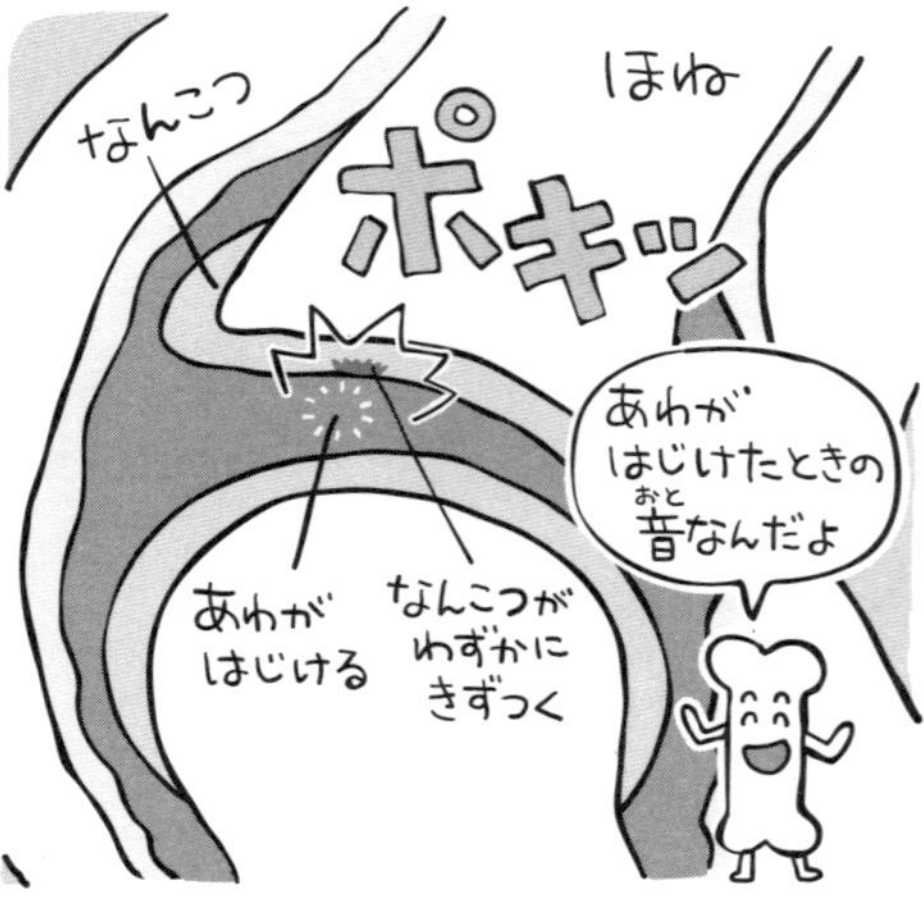

なんこつは少《すこ》しですがふくらみます。ふくらみは、二週間《しゅうかん》から一か月《げつ》くらいでもとにもどります。

指《ゆび》をくせのように鳴《な》らしていると、なんこつのふくらみは、もどるひまがありません。ますますふくらんでいくことになります。しかし、なんこつが太《ふと》くなるだけですから、指全体《ゆびぜんたい》が太《ふと》くなるわけではありません。関節《かんせつ》の形《かたち》もほとんど変《か》わりません。

ただ、気分《きぶん》がいいからといって、鳴《な》らしすぎると、関節全体《かんせつぜんたい》をいためることがあります。ほどほどにしたほうがよいでしょう。

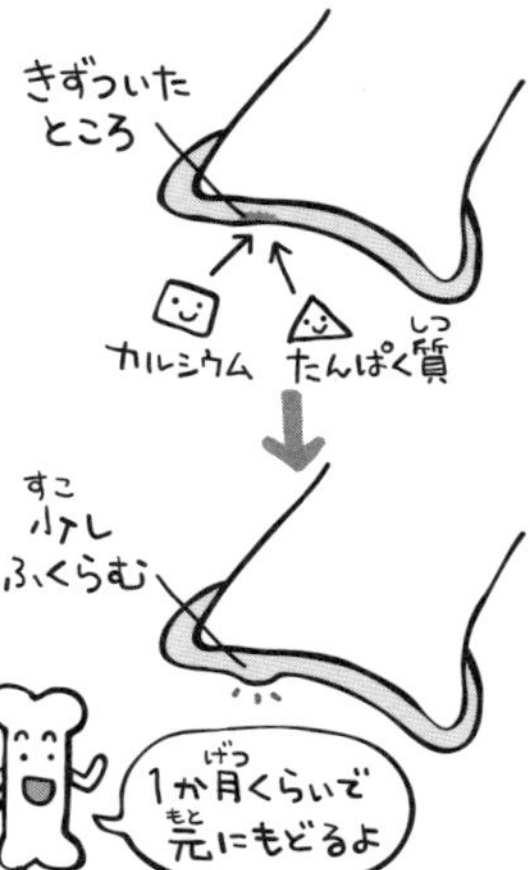

温泉《おんせん》につかると、どうして温《あたた》まるの？

日本は、世界《せかい》の中《なか》でも温泉《おんせん》が多《おお》い国《くに》です。温泉《おんせん》の好《す》きな人《ひと》も多《おお》く、昔《むかし》から、温泉《おんせん》の近《ちか》くには、旅館《りょかん》がつくられ、まちができました。

温泉《おんせん》とは、地下《ちか》からわきでたお湯《ゆ》のことです。地下《ちか》の深《ふか》いところには、高温《こうおん》で真《ま》っ赤《か》にとけた、どろどろのマグマがあります。マグマで温《あたた》められた地下水《ちかすい》が、地面《じめん》からわきでると、温泉《おんせん》になります。

火山《かざん》は、マグマが地面《じめん》のわれ目《め》からあふれてできた山《やま》です。温泉《おんせん》が火山《かざん》のそばに多《おお》いのは、マグマが近《ちか》くまできているからです。

また、地下《ちか》は深《ふか》くなるほど高温《こうおん》になります。そのため、火山《かざん》の近《ちか》くでなくても、温泉《おんせん》が出《で》ることがあります。

温泉《おんせん》には、岩石《がんせき》や地中《ちちゅう》の成分《せいぶん》が、とけこんでいます。温度《おんど》が高《たか》いと、いろいろな成分《せいぶん》がとけやすくなるのです。お湯《ゆ》といっしょに、ガスが出《で》る場合《ばあい》もあります。これらの中《なか》には、からだを温《あたた》め、つかれが取《と》れるなどの効用《こうよう》を持《も》つものもふくまれています。

家《いえ》のおふろに、あわの出《で》る入浴《にゅうよく》ざいを入《い》れたことがありますか。このあわは、炭酸《たんさん》ガスです。炭酸《たんさん》ガスは、皮《ひ》ふの小《ちい》さなあなから、からだの中《なか》に入《はい》ってきて、血管《けっかん》にとけこみ、血管《けっかん》を広《ひろ》げる働《はたら》きがあります。そのため、血《ち》が流《なが》れやすくなり、よく温《あたた》まるのです。温泉《おんせん》にも、さまざまな成分《せいぶん》とともに炭酸《たんさん》ガスがとけている場合《ばあい》が多《おお》く、からだがぽかぽかになるのはこのためです。

細菌《さいきん》をころす成分《せいぶん》をふくむ温泉《おんせん》もあります。このような温泉《おんせん》は、昔《むかし》から、皮《ひ》ふの病気《びょうき》などのちりょうにも利用《りよう》されました。

また、ふくまれる成分《せいぶん》とガスによって、特有《とくゆう》のにおいがする温泉《おんせん》もあります。そのにおいによって心《こころ》が休《やす》まることもあります。

温泉《おんせん》に行《い》くと、広《ひろ》びろとしたおふろに入《はい》ることができます。はだかになって、手足《てあし》をのばして、のびのびゆったりできます。まどから美《うつく》しい景色《けしき》の見《み》えるところもあるでしょう。中《なか》には、露天《ろてん》の、自《し》然《ぜん》にかこまれたおふろもあります。これら、いろいろなことが合《あ》わさるので、温泉《おんせん》に入《はい》ると気持《きも》ちがよくなりますね。

知《し》ってびっくり!!

知《し》っていると役立《やくだ》つ、からだや健康《けんこう》のことわざ

ことわざには、昔《むかし》の人《ひと》のちえや教《おし》えがつまっています。からだや健康《けんこう》についてのことわざもいろいろあります。

なるほどと、思《おも》うものばかり。知《し》っていると、すぐに役立《やくだ》ちますよ。あなたは、いくつ知《し》っていますか。

ねる子《こ》は育《そだ》つ

「ぐっすりたくさんねる子《こ》どもは、健康《けんこう》に育《そだ》つ」という意味《いみ》です。科学的《かがくてき》にも、正《ただ》しいことがわかっています。

それは、夜《よる》ねている間《あいだ》に、脳《のう》から「成長《せいちょう》ホルモン」が出《で》るからです。それによって、ほねやきん肉《にく》が成長《せいちょう》するのです。

早起《はやお》きは三文《もん》のとく

「早起《はやお》きすれば、よいことがある」という意味《いみ》です。「文《もん》」とは、江戸時代《えどじだい》のお金《かね》の単位《たんい》です。

人間《にんげん》の頭《あたま》とからだは、朝日《あさひ》を浴《あ》びると、すっきり目覚《めざ》め、元気《げんき》に活動《かつどう》できるようになっています。

早起《はやお》きは、健康《けんこう》にもよいし、活動《かつどう》する時《じ》間《かん》が長《なが》くなって、勉強《べんきょう》や仕事《しごと》がはかどります。

毎日《まいにち》、早起《はやお》きを心《こころ》がけましょう。

はら八分目《ぶんめ》に医者《いしゃ》いらず

「胃《い》に十分《ぶん》の八くらい入《はい》ったところで、食《た》べるのをやめれば、医者《いしゃ》にかからなくてすむ」という意味《いみ》です。満《まん》ぷくになるほど食《た》べなければ、おなかをこわすことがへり、太《ふと》りすぎにもなりにくいのです。

よくかんでゆっくり食《た》べると、血《ち》の中《なか》にきゅうしゅうされた「とう分《ぶん》」を脳《のう》が感《かん》じ、八分目《ぶんめ》でも、おなかがいっぱいだと感《かん》じます。急《いそ》いで食《た》べると、とう分《ぶん》を感《かん》じる前《まえ》に、食《た》べすぎてしまうのです。

かぜは万病《まんびょう》の元《もと》

「かぜなんて病気《びょうき》のうちに入《はい》らない、などと思《おも》って、休《やす》まずに無理《むり》をしてはいけません。いろいろ、やっかいな病気《びょうき》になってしまいますよ」という意味《いみ》です。

病原体《びょうげんたい》がからだに入《はい》ってきても、元気《げんき》なときは、からだは、たたかって退治《たいじ》する力《ちから》を持《も》っています。しかし、かぜでからだが弱《よわ》っていると、退治《たいじ》する力《りょく》がなくなり病原体《びょうげんたい》に負《ま》けてしまうのです。

かぜのときは、ゆっくり休《やす》みましょう。

病《やまい》は気《き》から

「気持《きも》ちしだいで、病気《びょうき》は重《おも》くなったり軽《かる》くなったりする」という意味《いみ》です。

元気《げんき》を出《だ》してさえいれば、病気《びょうき》が治《なお》るというわけではありません。しかし、くよくよし、暗《くら》い気持《きも》ちでいることが、からだによくないのは、たしかです。

心配《しんぱい》していると、神経《しんけい》の働《はたら》きで、深《ふか》くねむれず、食《た》べ物《もの》の消化《しょうか》も悪《わる》くなります。すると、からだは弱《よわ》り、病《びょう》原体《げんたい》に負《ま》けてしまうのです。

文・入澤宣幸　絵・森のくじら　知ってびっくり！マーク・森 佳世

まち・社会《しゃかい》の、なぜ？ どうして？

文・高橋みか

絵・森 佳世

日本で初《はじ》めての高速道路《こうそくどうろ》は、いつできたの？

高速道路《こうそくどうろ》は、自動車《じどうしゃ》や大型《おおがた》のバイクが速《はや》く走《はし》れるようにつくられた道路《どうろ》です。そのため、人《ひと》が徒歩《とほ》や自転車《じてんしゃ》で通《とお》ることはできません。
人《ひと》が徒歩《とほ》や自転車《じてんしゃ》で通《とお》ることができるふつうの道路《どうろ》では、車《くるま》は最《さい》高《こう》でも時速《じそく》六〇キロメートルでしか走《はし》れませんが、高速道路《こうそくどうろ》なら最《さい》高時速《こうじそく》一二〇キロメートルで走《はし》ることができます。

※最高時速《さいこうじそく》は、2019年《ねん》10月《がつ》1日《ついたち》現在《げんざい》のものです。

ほとんどの高速道路《こうそくどうろ》には、信号《しんごう》がありません。そのため、ふつうの道路《どうろ》のように、赤信号《あかしんごう》のたびに止《と》まる必要《ひつよう》がないのです。だから、速《はや》いスピードを出《だ》したままで、長《なが》いきょりを移動《いどう》することができます。

日本で初《はじ》めて開通《かいつう》した高速道路《こうそくどうろ》は、愛知県《あいちけん》と兵庫県《ひょうごけん》を結《むす》ぶ名神高《めいしんこう》速道路《そくどうろ》の一部《いちぶ》で、げんざいの滋賀県栗東市《しがけんりっとうし》から兵庫県尼崎市《ひょうごけんあまがさきし》までの約《やく》七十一キロメートルの区間《くかん》でした。今《いま》から五十年以上前《ねんいじょうまえ》の、一九六三年《ねん》に開通《かいつう》しました。

ところが、開通後《かいつうご》すぐに、こまったことが起《お》こりました。当時《とうじ》は、時速《じそく》一〇〇キロメートルのスピードになれていない車《くるま》ばかりでした。そのため、高速道路《こうそくどうろ》を走《はし》った車《くるま》が、故障《こしょう》することがとても多《おお》かったのです。開通後《かいつうご》の十日間《かかん》で、五百《ひゃく》七十三件《けん》の故障《こしょう》があったといわれています。

ところで、高速道路《こうそくどうろ》ができる前《まえ》の日本は、どんな様子《ようす》だったのでしょう。

一九四五年《ねん》に戦争《せんそう》が終《お》わり、その十年《ねん》後《ご》ぐらいから、日本のけいざいは大《おお》きく成長《せいちょう》します。人《ひと》びとの生活《せいかつ》もゆたかになり、一九六〇年代《ねんだい》には、「マイカー」とよばれる自家《じか》用車《ようしゃ》で、家族《かぞく》そろってドライブに出《で》かける家庭《かてい》がふえました。

また、それまでは鉄道《てつどう》の貨物車《かもつしゃ》で運《はこ》んでいた、材料《ざいりょう》や商品《しょうひん》などの荷物《にもつ》を、トラックで運《はこ》ぶことも多《おお》くなり、道路《どうろ》の整備《せいび》が必要《ひつよう》となってきました。

このような時代《じだい》の流《なが》れを受《う》けて高速道路《こうそくどうろ》の建設《けんせつ》が始《はじ》まったのです。

一九六五年《ねん》には、先《さき》に開通《かいつう》した区間《くかん》と合《あ》わせて、愛知県小牧市《あいちけんこまきし》から兵庫県西宮市《ひょうごけんにしのみやし》の約百《やくひゃく》八十九キロメートルのすべての区間《くかん》が開通《かいつう》しました。

その後《ご》、一九六九年《ねん》には、東京《とうきょう》から小牧《こまき》市《し》までを結《むす》ぶ約《やく》三百《びゃく》四十七キロメートルの、東名高速道路《とうめいこうそくどうろ》も開通《かいつう》しました。これらの高《こう》速道路《そくどうろ》によって、日本のけいざいや自動車《じどうしゃ》産業《さんぎょう》が大《おお》きく発《はっ》てんしていったのです。

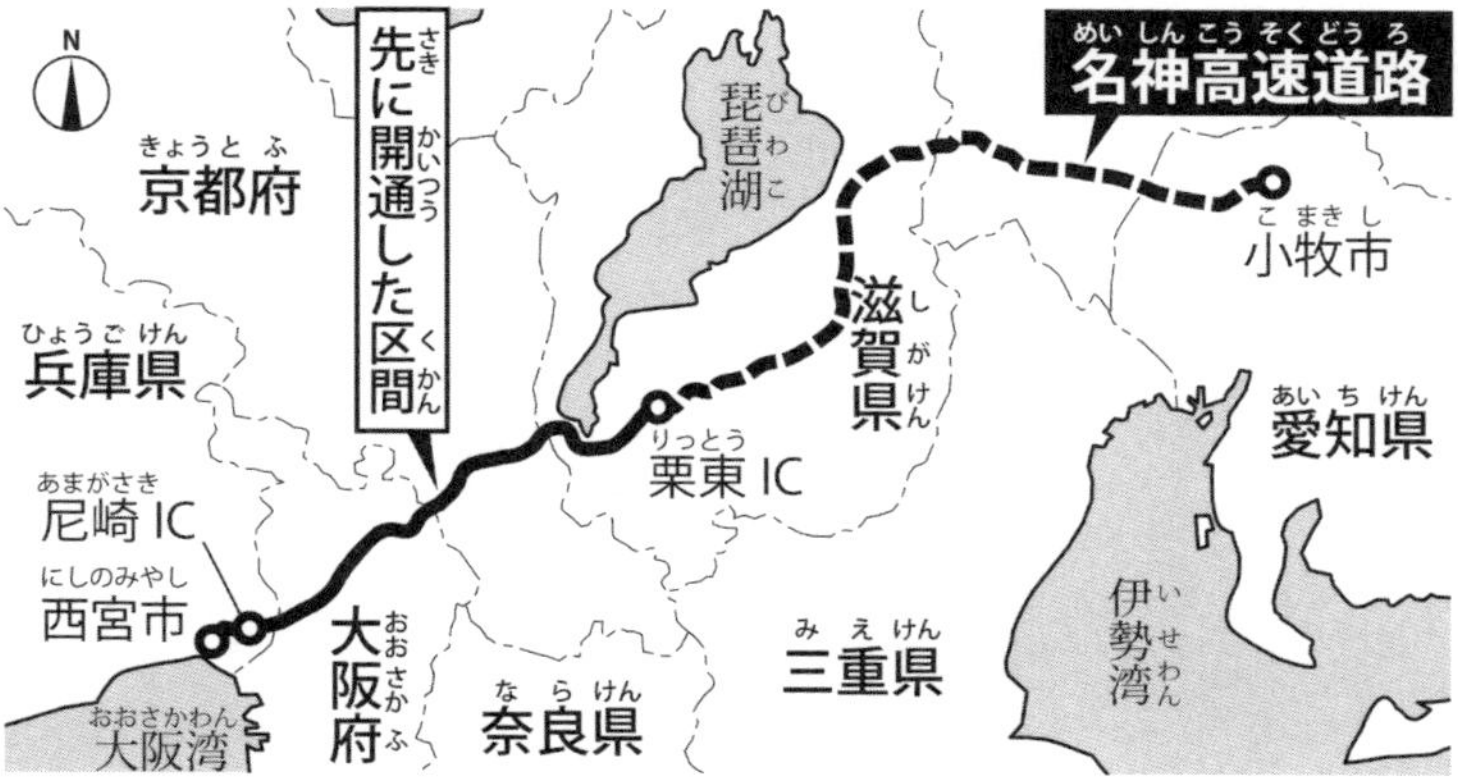

＊IC…インターチェンジ。高速道路《こうそくどうろ》の出入《でい》り口《ぐち》のこと。

建物《たてもの》の中《なか》で見《み》かける緑《みどり》の走《はし》る人《ひと》のマークには、どんな意味《いみ》があるの？

学校《がっこう》やデパートなどで、みなさんも緑《みどり》の走《はし》る人《ひと》のマークを見《み》たことがあるでしょう。これは、非常口《ひじょうぐち》の位置《いち》を表《あらわ》すマークです。

実《じつ》は、マークの後《うし》ろが緑《みどり》のものと、白《しろ》いものとの二種類《しゅるい》があり、意味《いみ》がちがいます。

マークの後《うし》ろが緑《みどり》のものは、非常口《ひじょうぐち》がある場所《ばしょ》につけられています。「ここが出口《でぐち》ですよ」という意味《いみ》です。これを目印《めじるし》にすれば、火事《かじ》のときでも非常口《ひじょうぐち》から出《で》ることができますね。

そして、マークの後《うし》ろが白《しろ》いものは、非常口《ひじょうぐち》からはなれた場所《ばしょ》につけられています。「矢印《やじるし》のほうに行《い》けば、非常口《ひじょうぐち》がありますよ」という意味《いみ》なのです。建物《たてもの》の中《なか》にいて、ひなんするとき、白《しろ》いマークを見《み》つけたら、順《じゅん》にたどっていくと、非常口《ひじょうぐち》に行《い》けます。

この非常口《ひじょうぐち》のマークは、今《いま》や世界中《せかいじゅう》で使《つか》われています。この形《かたち》を考《かんが》えたのは、デザイナーの太田幸夫《おおたゆきお》さんです。

このようにかんたんな絵《え》でさまざまなじょうほうを伝《つた》えるマーク

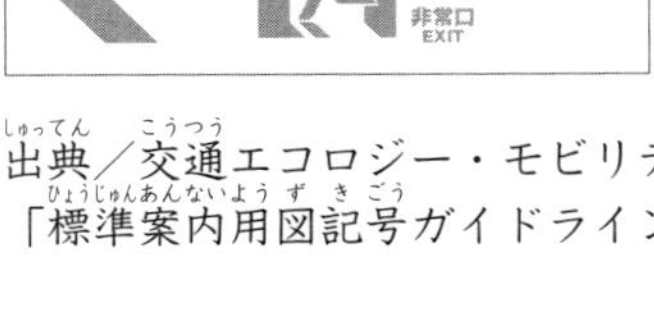

出典《しゅってん》／交通《こうつう》エコロジー・モビリティ財団《ざいだん》
「標準案内用図記号《ひょうじゅんあんないようずきごう》ガイドライン」

のことを、ピクトグラムといいますが、太田《おおた》さんは、ほかにもたくさんのピクトグラムをデザインしています。全国《ぜんこく》で見《み》られる広域避難場所《こういきひなんばしょ》を表《あらわ》すマークも、そのうちの一つです。

公共《こうきょう》のしせつで使《つか》われているマークには、ほかにもいろいろなものがあります。また、伝《つた》えたい内容《ないよう》によって、使《つか》われている色《いろ》もちがいます。

非常口《ひじょうぐち》のマークのように、安全《あんぜん》な場所《ばしょ》を表《あらわ》すものには、緑《みどり》が使《つか》われています。

また、駅のホームにある「二列《れつ》ならび」のマークなど、おもにマナーやルールを表《あらわ》すものには、青《あお》が使《つか》われています。

注意《ちゅうい》をうながすマークには黄色《きいろ》、きけんや禁止《きんし》、非常時《ひじょうじ》の安全《あんぜん》を守《まも》るマークには赤色《あかいろ》が使《つか》われています。

赤《あか》はとても目立《めだ》つ色《いろ》なので、遠《とお》くからでも人《ひと》の目《め》をひきます。その特《とく》ちょうを利用《りよう》して、きけんなことの禁止《きんし》だけでなく、非常《ひじょう》ボタンや非常《ひじょう》電話《でんわ》、消火器《しょうかき》などの設置場所《せっちばしょ》をしめすためにも使《つか》われています。

まちの中《なか》で、いろいろなマークをさがしてみましょう。

マナーやルールを表《あらわ》すマーク：青《あお》

静《しず》かに

左側《ひだりがわ》にお立《た》ちください

安全《あんぜん》な場所《ばしょ》へみちびくマーク：緑《みどり》

広域避難場所《こういきひなんばしょ》

禁止《きんし》、非常時《ひじょうじ》の安全《あんぜん》を守《まも》るマーク：赤《あか》

立入禁止《たちいりきんし》

非常《ひじょう》ボタン

注意《ちゅうい》をうながすマーク：黄色《きいろ》

天井《てんじょう》に注意《ちゅうい》

感電注意《かんでんちゅうい》

電車《でんしゃ》に書《か》いてある「クハ」「モハ」などは、どんな意味《いみ》？

ＪＲ《ジェイアール》の電車《でんしゃ》には、車体《しゃたい》の横《よこ》に「クハ」とか、「モハ」などという文字《もじ》が書《か》かれていることがあります。これには、どんな意味《いみ》があるのでしょうか。

多《おお》くの電車《でんしゃ》は、いくつかの車両《しゃりょう》がつながって走《はし》ります。

これらの車両《しゃりょう》の中《なか》には、運転台《うんてんだい》があるもの、電車《でんしゃ》を動《うご》かすモーターがついているもの、モーターがついていないものなど、いくつかの種類《しゅるい》があります。車体《しゃたい》に書《か》かれた文字《もじ》は、その種類《しゅるい》を表《あらわ》しているのです。

運転台《うんてんだい》がついている車両《しゃりょう》には、一字《じ》目《め》に「ク」というカタカナが書《か》かれています。モーターがついている車両《しゃりょう》には「モ」、モーターも運転台《うんてんだい》もついていない車両《しゃりょう》には「サ」と書《か》かれています。「サ」と書《か》かれている車両《しゃりょう》は、モーターがついている車両《しゃりょう》に引《ひ》っぱられて動《うご》いているのです。

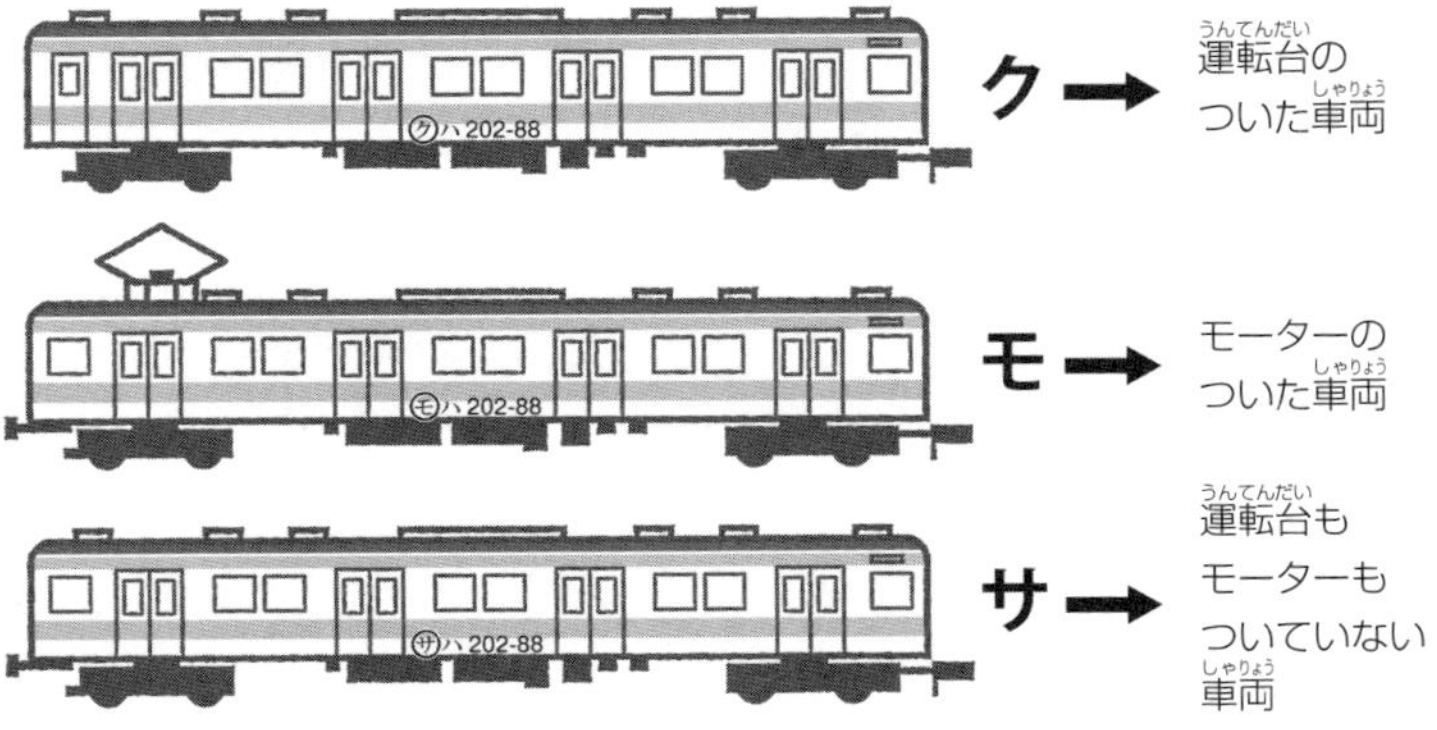
クハ202-88
ク
運転台《うんてんだい》のついた車両《しゃりょう》
モハ202-88
モ
モーターのついた車両《しゃりょう》
サハ202-88
サ
運転台《うんてんだい》もモーターもついていない車両《しゃりょう》

また、二字目《じめ》に「ロ」と書《か》いてあるのはグリーン車《しゃ》、「ハ」はふつう車《しゃ》、「シ」は食堂車《しょくどうしゃ》を表《あらわ》します。

これらの文字《もじ》の由来《ゆらい》については、いろいろな説《せつ》がありますが、正確《せいかく》な資料《しりょう》が残《のこ》っていないのでわかりません。

さて、「クモ」と書《か》かれているのは、どんな車両《しゃりょう》でしょう。

それは、運転台《うんてんだい》とモーターがついている車両《しゃりょう》のことです。

それでは、「クハ」「モハ」は、それぞれどんな車両《しゃりょう》でしょうか。

「クハ」は、運転台《うんてんだい》がついているふつう車《しゃ》です。「モハ」は、モーターがついている、ふつう車《しゃ》のことですね。

JR《ジェイアール》の電車《でんしゃ》を見《み》ることがあったら、ぜひ車体《しゃたい》の横《よこ》を見《み》て、なんと書《か》いてあるか、たしかめてみましょう。

建設中《けんせつちゅう》の高《たか》い建物《たてもの》の上《うえ》にあるクレーンは、どうやって下《お》ろすの？

＊東京《とうきょう》スカイツリーの工事《こうじ》では、タワークレーンという機械《きかい》が建物《たてもの》のてっぺんに設置《せっち》され、三十トンもある鉄骨《てっこつ》などの重《おも》いものを地上《ちじょう》からつりあげて、組《く》みたてていきました。東京《とうきょう》スカイツリーの場合《ばあい》、四つのクレーンが設置《せっち》されていて、材料《ざいりょう》を組《く》みたてる作業《さぎょう》に二つ、荷物《にもつ》をつりあげる作業《さぎょう》に二つ、使《つか》われていました。

＊「東京《とうきょう》スカイツリー」は、東武鉄道株式会社《とうぶてつどうかぶしきがいしゃ》・東武《とうぶ》タワースカイツリー株式会社《かぶしきがいしゃ》の登録商標《とうろくしょうひょう》です。

このクレーンは、おもな役《やく》わりが終《お》わったら地上《ちじょう》に下《お》ろさなくてはなりません。

まずは、高《たか》くのばしたクレーンを低《ひく》くして作業《さぎょう》をしやすくします。そして、一つのクレーンを、ほかのクレーンを使《つか》って解体《かいたい》します。クレーンは四つありますから、二つずつ組《くみ》になって、かた方《ほう》がかた方《ほう》を解体《かいたい》するのです。解体《かいたい》されて小《ちい》さくなった二つのクレーンは、ほかのクレーンが地上《ちじょう》に下《お》ろします。

残《のこ》った二つのクレーンのうち、一つのクレーンがもう一つを解体《かいたい》します。解体《かいたい》されて小《ちい》さくなった三つ目《め》のクレーンが、残《のこ》りのクレーンによって地上《ちじょう》に下《お》ろされます。

さあ、最後《さいご》の一つです。これまでは、クレーンがクレーンを解体《かいたい》してきましたが、残《のこ》り一つとなってしまったクレーンは、どうするのでしょう。

答《こた》えは、こうです。クレーンを解体《かいたい》するための、小《ちい》さなクレーンを、残《のこ》ったクレーンで新《あら》たに運《はこ》びあげて設置《せっち》します。そして、元《もと》からあったクレーンを小《ちい》さなクレーンで解体《かいたい》し、地上《ちじょう》に下《お》ろします。

これを三回《かい》くりかえし、かなり小《ちい》さくなった最後《さいご》のクレーンは人《ひと》の手《て》で解体《かいたい》します。最後《さいご》のクレーンでも九・五トン（九千《せん》五百《ひゃく》キログラム）の重《おも》さがありますが、約百《やくひゃく》四十の部品《ぶひん》に分解《ぶんかい》され、一番大《いちばんおお》

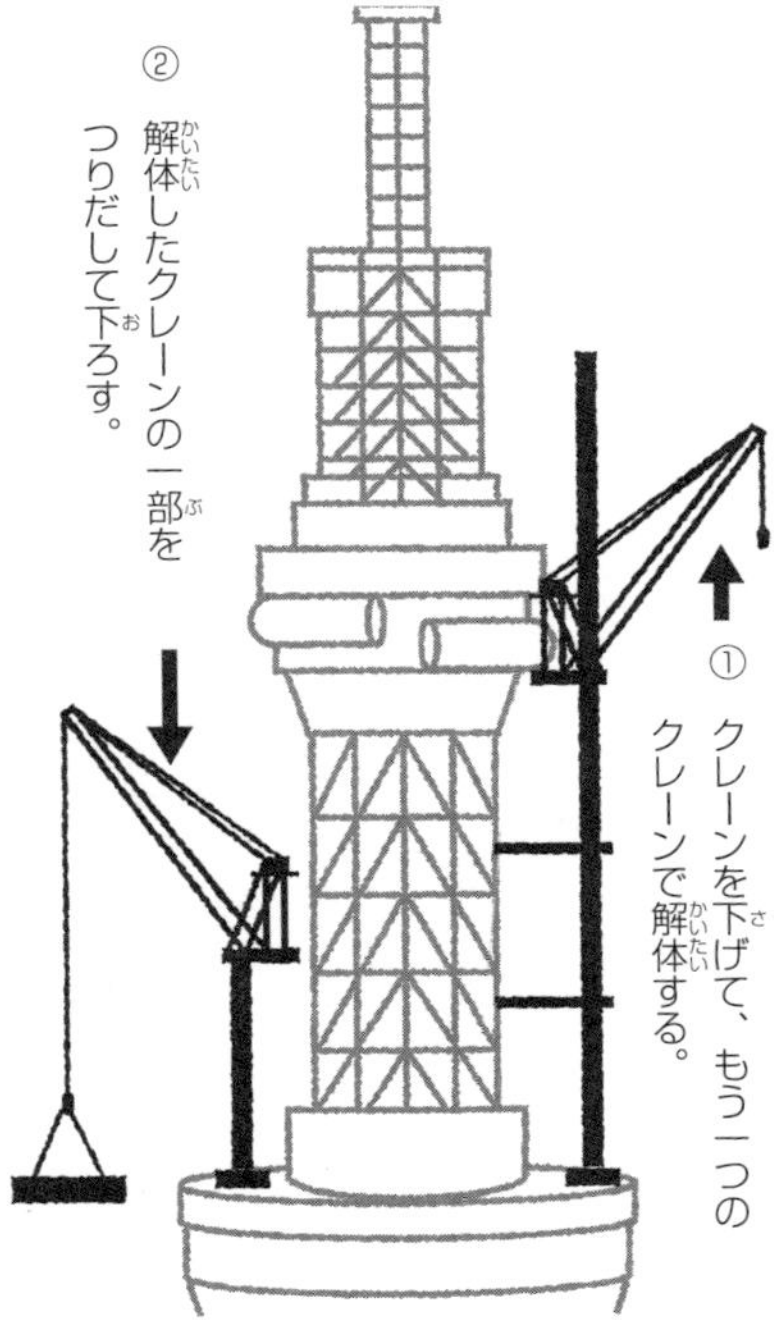
② 解体《かいたい》したクレーンの一部《ぶ》をつりだして下《お》ろす。
① クレーンを下《さ》げて、もう一つのクレーンで解体《かいたい》する。

きなもので九十キログラムになります。この部品《ぶひん》を数人《すうにん》で運《はこ》んで、エレベーターで地上《ちじょう》に下《お》ろします。

東京《とうきょう》スカイツリーだけでなく、ほかの建物《たてもの》でも、同《おな》じような方法《ほうほう》を使《つか》って、クレーンを下《お》ろしています。

点字《てんじ》ブロックを開発《かいはつ》したのは、だれ？

「点字《てんじ》ブロック」とは、地面《じめん》にならべられた、黄色《きいろ》く、でこぼこしたもののことです。歩道《ほどう》や駅《えき》、公共《こうきょう》のしせつなどでよく見《み》かけますね。正式《せいしき》には「視覚障害者誘導用《しかくしょうがいしゃゆうどうよう》ブロック」といい、岡山県岡山市《おかやまけんおかやまし》に住《す》んでいた三宅精一《みやけせいいち》さんによって開発《かいはつ》されました。

一九六〇年代以降《ねんだいいこう》、日本のけいざいの成長《せいちょう》にともなって、人《ひと》びとの生活《せいかつ》がゆたかになり、まちを走《はし》る自動車《じどうしゃ》の数《かず》がどんどんふえていきました。そんなある日《ひ》、三宅《みやけ》さんはこんな光景《こうけい》を見《み》かけます。道路《どうろ》をわたろうとした目《め》の不自由《ふじゆう》な人《ひと》が、あやうく車《くるま》にひかれそうになったのです。すぐそばには横断歩道《おうだんほどう》がありましたが、目《め》の不自由《ふじゆう》な人《ひと》は、その場所《ばしょ》がわかりませんでした。

そのとき、三宅《みやけ》さんはあることを思《おも》いだしました。目《め》の不自由《ふじゆう》な人《ひと》は、くつをはいたままでも、足《あし》のうらで土《つち》とこけのちがいがわかるという話《はなし》を聞《き》いたことがあったのです。

三宅《みやけ》さんは、「足《あし》のうらの感覚《かんかく》がするどいのなら、地面《じめん》に歩道《ほどう》や

横断歩道《おうだんほどう》を区別《くべつ》する印《しるし》のようなものがあれば、きけんな目《め》にあわずに横断歩道《おうだんほどう》をわたれるはずだ」と考《かんが》えました。

こうして、点字《てんじ》ブロックのアイデアが生《う》まれたのです。

ところが、開発《かいはつ》の道《みち》は、けわしいものでした。安全《あんぜん》な場所《ばしょ》を知《し》らせるためのものなのに、そのでこぼこで、目《め》の不自由《ふじゆう》な人《ひと》がつまずいてしまったら、意味《いみ》がありません。でこぼこの形《かたち》は、四角《しかく》、三角《さんかく》、丸《まる》のどれがよいか。どのくらいの出《で》っぱりだとあぶなくないか。どのくらい間《あいだ》を空《あ》けてならべたらよいかなど、課題《かだい》はつきません。手作《てづく》りの型《かた》にコンクリートを流《なが》しこみ、何度《なんど》も何度《なんど》も作《つく》りなおしました。

そして、二年《ねん》ほどの月日《つきひ》をかけて、ついに最初《さいしょ》のブロックができあがったのです。

一九六七年《ねん》三月《がつ》十八日《にち》に、岡山県立岡山盲学校付近《おかやまけんりつおかやまもうがっこうふきん》の横断歩道手前《おうだんほどうてまえ》に、点字《てんじ》ブロックが設置《せっち》されました。日本で初《はじ》めての点字《てんじ》ブロックは、全部《ぜんぶ》で二百《ひゃく》三十まい使《つか》われました。

点字《てんじ》ブロックは、目《め》の不自由《ふじゆう》な人《ひと》たちを事故《じこ》から守《まも》る、とても大切《たいせつ》なものです。上《うえ》に物《もの》を置《お》いたり、自転車《じてんしゃ》を止《と》めたりすることがないよう、気《き》をつけましょう。

お金《かね》は、どうやってつくるの？

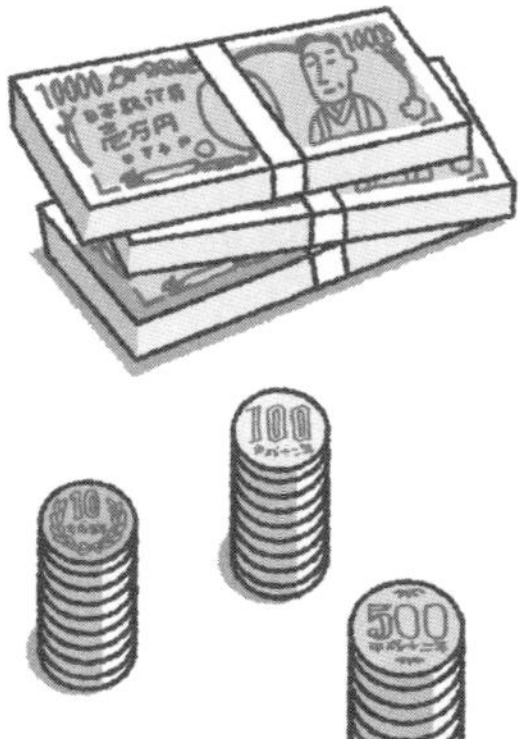

一円玉《えんだま》や五百円玉《ひゃくえんだま》などの金属《きんぞく》でできたお金《かね》を、貨《か》へいといい、千《せん》円札《えんさつ》や一万円札《まんえんさつ》などの紙《かみ》でできたお金《かね》を、紙《し》へいといいます。貨《か》へいは造幣局《ぞうへいきょく》、紙《し》へいは印刷局《いんさつきょく》でつくられています。

貨《か》へいは、銅《どう》やニッケルなどの金属《きんぞく》を材料《ざいりょう》としています。つくり方《かた》は、まず、これらの材料《ざいりょう》を高温《こうおん》でとかし、金属《きんぞく》のかたまりをつくります。これを板状《いたじょう》に平《ひら》たくし、貨《か》へいのあつみになるまでのばします。

次《つぎ》に、のばした板《いた》を貨《か》へいの形《かたち》にぬきます。貨《か》へいの形《かたち》になったものの周《まわ》りに、もようを出《だ》しやすくするためのふちをつけます。さらに、熱《ねつ》を加《くわ》えてやわらかくします。そして、せんじょう機《き》という機械《きかい》に入《い》れ、よくあらってかんそうさせます。

次《つぎ》は、表《おもて》とうらにもようを入《い》れます。せん用《よう》の機械《きかい》で、両側《りょうがわ》から強《つよ》い力《ちから》をかけて、はんこをおすようにして、もようをつけます。ふちのギザギザも、ここで同時《どうじ》につけます。

最後《さいご》は人《ひと》の手《て》によって、細《こま》かくけんさされます。不合格品《ふごうかくひん》は取《と》り

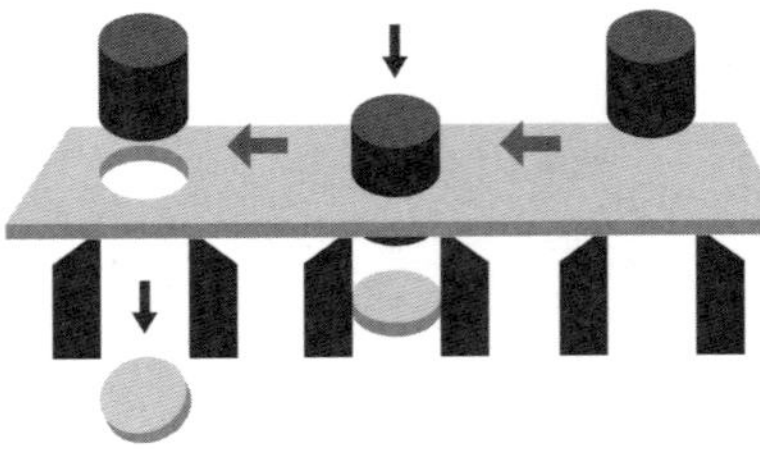

金属《きんぞく》を平《ひら》たく、板状《いたじょう》にして貨《か》へいの形《かたち》にぬく

のぞかれ、合格《ごうかく》したら、貨《か》へいとして世《よ》の中《なか》へ出《で》ていきます。紙《し》へいとなる紙《かみ》は、昔《むかし》から和紙《わし》の原料《げんりょう》として使《つか》われていた、「ミツマタ」という植物《しょくぶつ》などを原料《げんりょう》としてつくります。これらに、じょうぶな紙《かみ》にするための加工《かこう》をし、さらに、ごみを取《と》りのぞいたり、薬品《やくひん》などをまぜあわせたりして、お札《さつ》になる紙《かみ》をつくります。

紙《かみ》ができたら、次《つぎ》は印刷《いんさつ》をします。お札《さつ》の印刷《いんさつ》には、版面《はんめん》というものを使《つか》います。この版面《はんめん》には、いくつかの種類《しゅるい》がありますが、凹版《おうはん》というものを使《つか》うと、インクがもりあがったように印刷《いんさつ》されます。そのため、お札《さつ》をさわるとザラザラしているのです。

凹版印刷《おうはんいんさつ》のしくみ

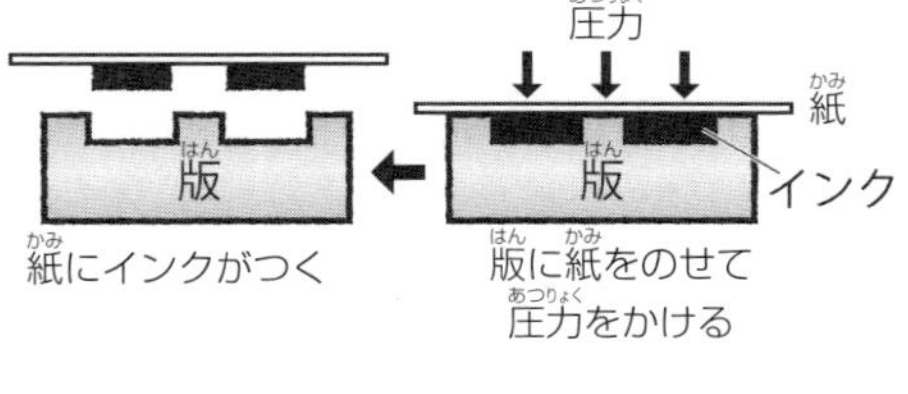
圧力《あつりょく》
紙《かみ》
インク
版《はん》
版《はん》
紙《かみ》にインクがつく
版《はん》に紙《かみ》をのせて
圧力《あつりょく》をかける

さらに、見《み》る角度《かくど》によってもようが変化《へんか》して見《み》えるホログラムをはりつけます。このように、お札《さつ》にはたくさんの工夫《くふう》があり、にせ物《もの》をつくることができないようになっているのです。

大《おお》きな紙《かみ》に印刷《いんさつ》し、まちがいがないかをけんさし、合格《ごうかく》したものをお札《さつ》の大《おお》きさに切《き》って、もう一度《いちど》けんさします。これに合格《ごうかく》すると、お札《さつ》の完成《かんせい》です。

お札《さつ》が新《あたら》しくかわるときは、工芸官《こうげいかん》という専門《せんもん》の人《ひと》が、筆《ふで》と絵《え》の具《ぐ》などを使《つか》って元絵《もとえ》をかきます。そして、工芸官《こうげいかん》の中《なか》でも高《たか》い彫刻《ちょうこく》ぎじゅつを持《も》った人《ひと》が、その絵《え》を金属版《きんぞくばん》にほっていき、凹版《おうはん》をつくっているのです。

日本のお札《さつ》にかくされた、七つのひみつ

日本のお札《さつ》には、たくさんのひみつがかくされています。それは、にせ札《さつ》づくりを防止《ぼうし》するために開発《かいはつ》された、とても高度《こうど》なぎじゅつによるものです。お札《さつ》づくりの七つのひみつをしょうかいしましょう。

＊二〇二四年《ねん》から一万円札《まんえんさつ》は渋沢栄一《しぶさわえいいち》、五千円札《せんえんさつ》は津田梅子《つだうめこ》、千円札《えんさつ》は北里柴三郎《きたさとしばさぶろう》に変《か》わりました。

ひみつ〈その1〉すかし

「すかし」とは、お札《さつ》の表《おもて》の真《ま》ん中《なか》にある円《えん》の中《なか》に見《み》えるもようのことです。外《がい》国《こく》のお札《さつ》でも、すかしが入《はい》っているものがありますが、くらべてみると、日本のお札《さつ》のほうが細《こま》かいところまで表現《ひょうげん》されていることがわかります。

ひみつ〈その2〉ホログラム

「ホログラム」とは、見《み》る角度《かくど》によって、もようが変化《へんか》して見《み》える加工《かこう》のことです。これもにせ札《さつ》づくりの防止《ぼうし》にたいへん役《やく》に立《た》っています。

きらきらして見《み》えるホログラムが使《つか》われているのは、五千円札《せんえんさつ》と一万円札《まんえんさつ》だけです。お札《さつ》を持《も》って、ゆっくりとかたむけると、もようや数字《すうじ》があらわれたり、見《み》えなくなったりします。これは、お札用《さつよう》に特別《とくべつ》につくったもようなのです。

ひみつ〈その3〉印刷方法《いんさつほうほう》

お札《さつ》を印刷《いんさつ》する方法《ほうほう》は、凹版印刷《おうはんいんさつ》とよばれ、ふつうの印刷《いんさつ》とはちがいます。この方法《ほうほう》だと、インクがもりあがったように印刷《いんさつ》することができます。そのため、お札《さつ》を手《て》でさわるとザラザラするのです。

また、お札《さつ》の表面《おもてめん》の左右《さゆう》の下《した》の部分《ぶぶん》には、目《め》の不自由《ふじゆう》な人《ひと》がお札《さつ》を区別《くべつ》しやすいよう、さわるとわかる形《かたち》のマークが印刷《いんさつ》されています。

ひみつ〈その4〉人物《じんぶつ》の絵《え》

お札《さつ》にえがかれている人物《じんぶつ》の絵《え》には、実《じつ》はとてもふくざつなしかけがあります。絵《え》をかく大《だい》してみるとわかりますが、細《こま》かい線《せん》や点《てん》の集《あつ》まりによって、一つの絵《え》ができているのです。

＊一万円札《まんえんさつ》には福沢諭吉《ふくざわゆきち》、五千円札《せんえんさつ》には樋口一葉《ひぐちいちよう》、千円札《せんえんさつ》には野口英世《のぐちひでよ》という人物《じんぶつ》がそれぞれ、えがかれています。いずれも日本の歴史《れきし》において欠《か》かせない、有名《ゆうめい》な人物《じんぶつ》です。

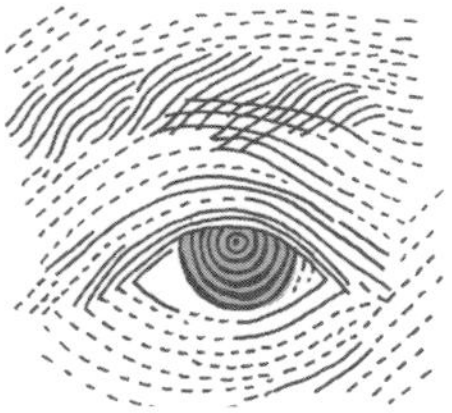

ひみつ〈その5〉発光《はっこう》インキ

お札《さつ》の表《おもて》とうらには、丸《まる》いはんこのようなもようが印刷《いんさつ》されています。実《じつ》は、お札《さつ》の表《おもて》のこのもようには特別《とくべつ》なインキが使《つか》われていて、紫外線《しがいせん》を当《あ》てるとオレンジ色《いろ》に光《ひか》るしくみになっています。

さらに、お札《さつ》の表《おもて》とうらの一部分《いちぶぶん》も、黄緑色《きみどりいろ》に光《ひか》ります。

紫外線《しがいせん》を当《あ》てれば、にせ札《さつ》かどうかがすぐにわかるのです。

ひみつ〈その6〉かくし文字《もじ》

お札《さつ》の表《おもて》とうらのそれぞれに、ばらばらにされた「ニ」「ホ」「ン」の三文字《もじ》がかくれています。これは、かくし文字《もじ》とよばれるものです。また、お札《さつ》には、マイクロ文《も》字《じ》といわれる、とても細《こま》かい文字《もじ》がたくさんかくれています。こちらは、かくし文字《もじ》よりもやや小《ちい》さい文字《もじ》で入《はい》っています。

どちらも、虫《むし》めがねで見《み》つけられるので、さがしてみましょう。

ひみつ〈その7〉記番号《きばんごう》

お札《さつ》には、六けたの数字《すうじ》と、二十四種類《しゅるい》のアルファベット（A《エー》、B《ビー》、C《シー》……）を組《く》みあわせた、「記番号《きばんごう》」が印刷《いんさつ》されています。記番号《きばんごう》は、お札《さつ》の名前《なまえ》のようなもので、一まいごとにちがっています。

印刷局《いんさつきょく》には、この記番号《きばんごう》をもとに、いつつくられたかなど、そのお札《さつ》についてのくわしいじょうほうが残《のこ》されているので、いつでもたしかめることができるのです。

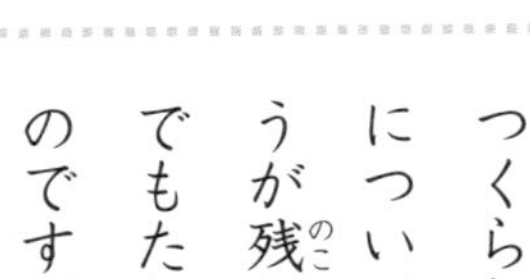

文・高橋みか　絵／知ってびっくり！マーク・森佳世

スポーツの、なぜ？ どうして？

文・鶴川たくじ
絵・丸岡テルジロ

なわとびは、何重《なんじゅう》とびまでできるの？

あなたは、なわとびで何重《なんじゅう》とびまで、できますか。二重《じゅう》とびができる人《ひと》は多《おお》いと思《おも》います。三重《じゅう》とびとなると……。ギネスブックにのっている世界記録《せかいきろく》は、なんと七重《じゅう》とびです。記録《きろく》の持《も》ち主《ぬし》は、日本人《じん》の森口明利《もりぐちあきとし》さん。森口《もりぐち》さんはこのほかにも、六重《じゅう》とび連続《れんぞく》四回《かい》、五重《じゅう》とび連続《れんぞく》二十六回《かい》のギネス世界記録《せかいきろく》を

持《も》っています。高校生《こうこうせい》のときにはすでに五重《じゅう》とびをこなせるようになっていたそうです。すごいですね。

多重《たじゅう》とびのこつは、ロープの回転《かいてん》を速《はや》くするために、できるだけロープを短《みじか》くすること。もちろん、その短《みじか》いロープをくぐるには、からだを丸《まる》めて小《ちい》さくしなければなりません。高《たか》くジャンプし、からだを前《まえ》かがみにして、両《りょう》ももをむねに引《ひ》きつけます。

その上《うえ》で、うではふらず、手《て》首《くび》の回転《かいてん》だけで、ロープを高速《こうそく》で回《まわ》すのです。

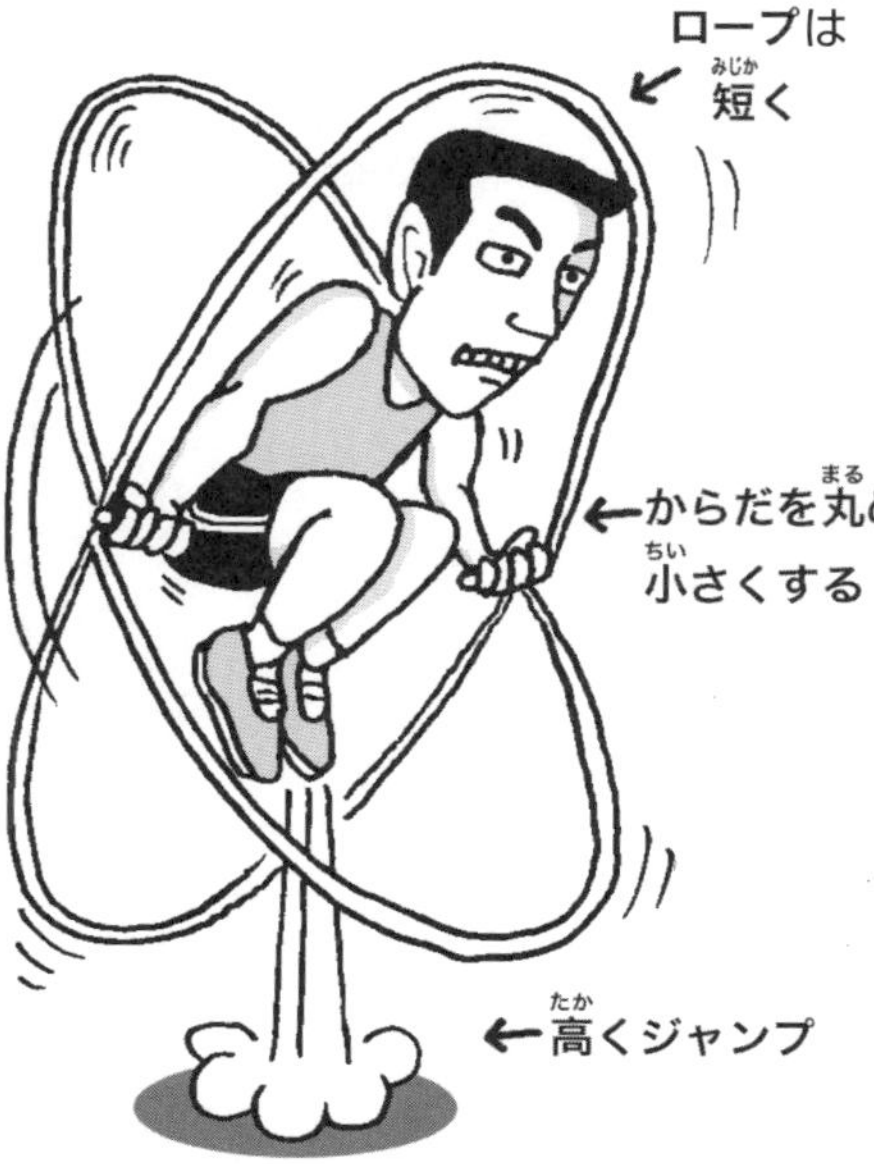
ロープは短《みじか》く
からだを丸《まる》め、小《ちい》さくする
高《たか》くジャンプ

※記録《きろく》は、2019年《ねん》10月《がつ》1日《ついたち》現在《げんざい》のもの。

すごくむずかしそうですが、多重《たじゅう》とびができるためには、それより一つ少《すく》ない多重《たじゅう》とびを連続《れんぞく》で十回《かい》できることが、一つの目安《めやす》になるようです。

あなたが一重《じゅう》とびを引《ひ》っかからないで十回《かい》続《つづ》けられるなら、二重《じゅう》とびはできるはずです。そして、二重《じゅう》とびが連続《れんぞく》十回《かい》できるようになったら、ワンランク上《うえ》の三重《じゅう》とびができるようになるのです。

なわとびには、

・足《あし》こしのきん肉《にく》がきたえられる
・心臓《しんぞう》や肺《はい》の働《はたら》きがよくなる
・運動《うんどう》のリズム感《かん》がよくなり、ほかのスポーツの動《うご》きにも役《やく》に立《た》つ

など、いいことがたくさんあります。なわとびがうまくできないと

いう人《ひと》も、次《つぎ》のポイントに注意《ちゅうい》して練習《れんしゅう》してみましょう。

ふつうにとぶ、なわとびのこつは、多重《たじゅう》とびのこつとは、少《すこ》しちがいます。

まず、ロープの長《なが》さは、ロープの真《ま》ん中《なか》を両足《りょうあし》をそろえてふんで、ロープのはしが、わきの下《した》あたりにくるように調節《ちょうせつ》します。

手《て》をこしの高《たか》さにすえて、手首《てくび》の回転《かいてん》でロープを回《まわ》すのは、多重《たじゅう》とびと同《おな》じです。しかし、高《たか》くジャンプしたり、からだを前《まえ》かがみにしたりする必要《ひつよう》はありません。自然《しぜん》にまっすぐ前《まえ》を見《み》て、むねをはり、ひざのばねを使《つか》って、つま先《さき》でとぶようにします。

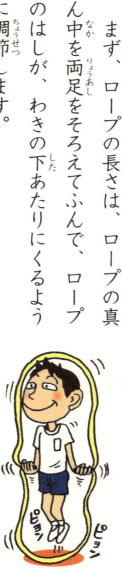

陸上《りくじょう》のトラックを走《はし》るとき、いつも左回《ひだりまわ》りなのは、なぜ？

陸上《りくじょう》のトラックを、時計回《とけいまわ》りとは反対《はんたい》の、左回《ひだりまわ》りに走《はし》るようになったのは、国際陸上競技連盟《こくさいりくじょうきょうぎれんめい》（IAAF《アイエイエイエフ》）が会議《かいぎ》を開《ひら》いて、左回《ひだりまわ》りと決《き》めたからです。IAAF《アイエイエイエフ》がつくられた一九一二年《ねん》のことでした。

しかし、左回《ひだりまわ》りにした理由《りゆう》は、はっきりしていません。

実際《じっさい》、一九一二年以前《ねんいぜん》に行《おこな》われた国際大会《こくさいたいかい》で、陸上競技《りくじょうきょうぎ》が右回《みぎまわ》りで行《おこな》われたという記録《きろく》がいくつも残《のこ》っています。一八九六年《ねん》にギリシャのアテネで開《ひら》かれた、第《だい》一回《かい》オリンピックもそうでした。

トラックのコーナーを走《はし》るときには、直線《ちょくせん》を走《はし》るのとはちがうテクニックが必要《ひつよう》です。そのテクニックは、右回《みぎまわ》りと左回《ひだりまわ》りとでは、まったくぎゃくになります。

だから、競技会《きょうぎかい》に出場《しゅつじょう》する選《せん》手《しゅ》は、回《まわ》る向《む》きが決《き》まって、助《たす》かりました。競技会《きょうぎかい》ごとに回《まわ》る

向《む》きが変《か》わるとしたら、右左《みぎひだり》二通《とお》りの練習《れんしゅう》をしなければなりません。
左回《ひだりまわ》りにした理由《りゆう》として、一番《いちばん》たしかそうなのは、「左右《さゆう》の足《あし》の働《はたら》きのちがいを考《かんが》えた」という説《せつ》です。
自分《じぶん》が、左《ひだり》へ曲《ま》がるコーナーを、全速力《ぜんそくりょく》で走《はし》っている場面《ばめん》を思《おも》いうかべてみてください。からだは右《みぎ》へ、大《おお》きくふられそうになるでしょう。

そのとき、左足《ひだりあし》は、コースをはずれないようにぐっとふんばっているはずです。いっぽう右足《みぎあし》は、くずれそうになるからだのバランスを整《ととの》えつつ、スピードを上《あ》げるよう大活《だいかつ》やくしています。

これが、コーナーを走《はし》るときの、左右《さゆう》の足《あし》の働《はたら》きのちがいです。

そして、人間《にんげん》には利《き》き手《て》があるように、足《あし》にも利《き》き足《あし》があります。

無器用《ぶきよう》だけれどからだをささえるのに向《む》いているのが、利《き》き足《あし》でないほう。加速《かそく》するのに向《む》いているのが、器《き》用《よう》な利《き》き足《あし》です。

人間《にんげん》の利《き》き足《あし》は、だいたい利《き》き手《て》と同《おな》じ側《がわ》です。それで、多数《たすう》をしめる右利《みぎき》きの人《ひと》に合《あ》わせて、陸上《りくじょう》のトラックは左回《ひだりまわ》りに決《き》めたのではないか、といわれています。

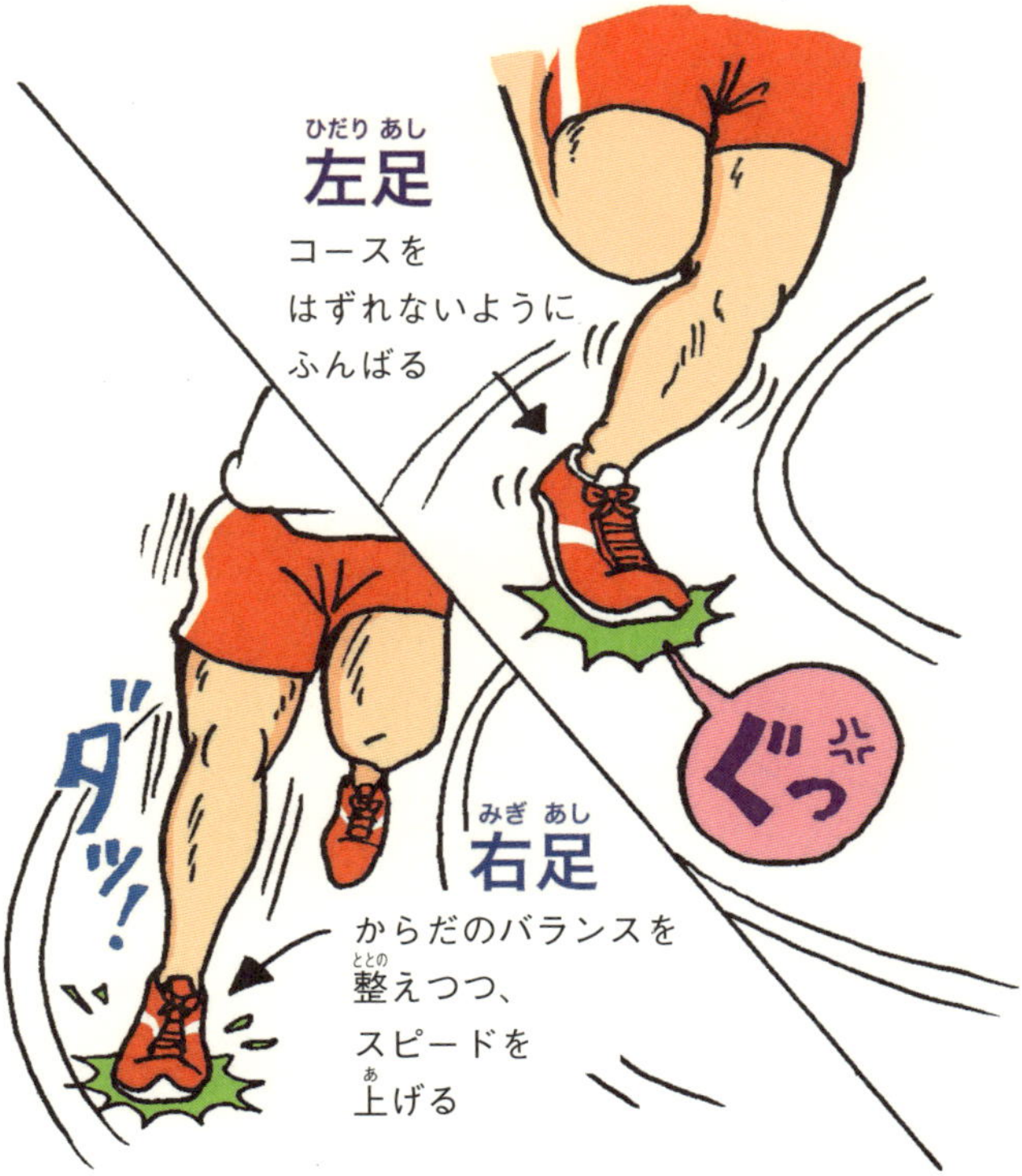

リレーの最後《さいご》の人《ひと》を、どうして「アンカー」というの？

「アンカー」という英語《えいご》の言葉《ことば》の、もともとの意味《いみ》は「いかり」です。船《ふね》を、海《うみ》の上《うえ》の一定《いってい》の位置《いち》につなぎとめるために使《つか》う、あのいかりのことなのです。

では、なぜ陸上《りくじょう》や水泳《すいえい》のリレーの、最終走者《さいしゅうそうしゃ》や泳者《えいしゃ》をアンカーとよぶようになったのでしょうか。

初《はじ》めにいかりに例《たと》えられ、アンカーとよばれたのは、つな引《ひ》きの一番後《いちばんうし》ろの選手《せんしゅ》でした。

運動会《うんどうかい》でおなじみのつな引《ひ》きは、昔《むかし》から世界各地《せかいかくち》で行《おこな》われています。日本や、アジア、太平洋《たいへいよう》の国《くに》ぐにでは、長《なが》い間《あいだ》、豊作《ほうさく》をいのる行事《ぎょうじ》として行《おこな》われてきました。

ヨーロッパの国《くに》ぐにでは、二千五百年《せんごひゃくねん》も前《まえ》からスポーツとして行《おこな》われ、五百年《ひゃくねん》ほど前《まえ》から、競技会《きょうぎかい》も開《ひら》かれるようになりました。中《なか》でも注目《ちゅうもく》の的《まと》は、チームの一番後《いちばんうし》ろの選手《せんしゅ》の活《かつ》やくぶりでした。一番後《いちばんうし》ろでどっしりこしを落《お》とし、相手《あいて》につなを引《ひ》かれないようにふんばります。

船《ふね》のいかりは、海底《かいてい》につめを食《く》いこませ、潮《しお》の流《なが》れや風《かぜ》にも負《ま》けず、船《ふね》が流《なが》されるのをふせぎます。

それでいつしか、つな引《ひ》きの一番《いちばん》後《うし》ろの選手《せんしゅ》を、アンカーとよぶようになったのです。

さて、このアンカーが、リレーの最終走者《さいしゅうそうしゃ》・泳者《えいしゃ》にも使《つか》われるようになったのには、言葉《ことば》の意味《いみ》のうつりかわりがあります。

つな引《ひ》きのアンカーは、後《うし》ろにどっしりかまえて動《うご》きません。

しだいに、アンカーは、「チーム

の一番後《いちばんうし》ろにひかえていて、勝負《しょうぶ》の行方《ゆくえ》を左右《さゆう》する大事《だいじ》な役目《やくめ》をになっている」という意味《いみ》を持《も》つようになりました。これは、リレーの最後《さいご》の人《ひと》の役目《やくめ》と同《おな》じですね。

だから、リレーの最後《さいご》の人《ひと》をアンカーとよぶようになったのです。

アンカーという言葉《ことば》は、さらに意味《いみ》が広《ひろ》がり、テレビの報道番組《ほうどうばんぐみ》で、ニュースを伝《つた》える人《ひと》のこともいいます。日本ではおもに「ニュースキャスター」とよばれる人《ひと》です。

現場《げんば》で記者《きしゃ》が取材《しゅざい》したニュースは、編集者《へんしゅうしゃ》などによってまとめられ、最後《さいご》にニュースキャスターが、視聴者《しちょうしゃ》に伝《つた》えます。その様子《ようす》が、バトンを受《う》けわたすリレーのようなので、ニュースを伝《つた》えるという最後《さいご》の重要《じゅうよう》な役目《やくめ》の人《ひと》を、アンカーとよぶようになったのです。

サッカーのレッドカードやイエローカードは、いつから使《つか》われているの?

サッカーの試合《しあい》で、イエローカードは、主審《しゅしん》が選手《せんしゅ》に「警告《けいこく》」をあたえるときにしめすカード。レッドカードは、選手《せんしゅ》に「退場《たいじょう》」を命《めい》じるときにしめすカードです。

警告《けいこく》と退場《たいじょう》を、カードでしめすようになったきっかけの一つは、一九六六年《ねん》のワールドカップ・イングランド大会《たいかい》でした。準々決勝《じゅんじゅんけっしょう》の一つは、イングランド対《たい》アルゼンチンというサッカーの強《つよ》い国同《くにどう》士《し》の、だれもが見《み》たい対戦《たいせん》。しかし、あれた試合《しあい》になりました。とうとうアルゼンチンのラティン選手《せんしゅ》が、悪質《あくしつ》なプレーをしたとされ、退場処分《たいじょうしょぶん》に。ドイツ人《じん》の主審《しゅしん》がドイツ語《ご》で退場《たいじょう》を命《めい》じますが、ラティン選手《せんしゅ》はグラウンドから出《で》ていきません。言葉《ことば》が通《つう》じないうえに、判《はん》定《てい》になっとくできなかったのです。

その様子《ようす》をだれよりも心配《しんぱい》して見《み》ていたのが、イギリス人《じん》の審判委員長《しんぱんいいんちょう》、ケン・アストンでした。見《み》かねたアストンはグラウンドに入《はい》り、アルゼンチ

ンの言葉《ことば》であるスペイン語《ご》でラティン選手《せんしゅ》に説明《せつめい》しました。それでやっとラティン選手《せんしゅ》はグラウンドを去《さ》り、試合《しあい》は再開《さいかい》されました。

さて、その日《ひ》の試合《しあい》が終《お》わり、家《いえ》に帰《かえ》るために車《くるま》を運転《うんてん》していたアストンの頭《あたま》の中《なか》は、昼間《ひるま》のできごとでいっぱいでした。

（国際試合《こくさいじあい》なのだから、言葉《ことば》が通《つう》じないことは、これからもよく起《お》こるだろう。言葉《ことば》がわからなくても、審判《しんぱん》の判定《はんてい》がはっきり選手《せんしゅ》に伝《つた》わる方法《ほうほう》はないだろうか。）

そして信号《しんごう》が黄色《きいろ》から赤《あか》に変《か》わり、車《くるま》を止《と》めたときでした。

（これだ！　黄色《きいろ》は注意《ちゅうい》。赤《あか》は止《と》まれ。これなら、世界中《せかいじゅう》のだれでもはっきりわかる。）

こうしてイエローカード、レッドカードのアイデアは生《う》まれたのでした。

　アストンは、このアイデアを、FIFA《フィファ》（国際《こくさい》サッカー連盟《れんめい》）に提案《ていあん》し、まもなく採用《さいよう》されました。

　このイエローカードとレッドカードが初《はじ》めて使《つか》われたのは、一九七〇年《ねん》のワールドカップ・メキシコ大会《たいかい》です。

　警告《けいこく》をカードでしめすやり方《かた》は、とてもわかりやすいので、その後《ご》、ラグビー、バレーボール、バドミントン、卓球《たっきゅう》、ハンドボールなど、ほかの競技《きょうぎ》でも使《つか》われるようになりました。

野球《やきゅう》のホームベースは、どうして五角形《ごかくけい》なの？

野球《やきゅう》のグラウンドの内野《ないや》には、一塁《るい》、二塁《るい》、三塁《るい》、本塁《ほんるい》（ホームベース）という四つの塁《るい》があって、それぞれの場所《ばしょ》がわかるように、ベースが置《お》いてあります。しかし、四つのベースのうち、三つは正《せい》方形《ほうけい》で、ホームベースだけが五角形《ごかくけい》です。ほかの三つのベースには、あつみがあるのに、ホームベースだけは平《ひら》べったい。いったい、ど

うしてなのでしょう。

もともとはホームベースも、ほかのベースと同《おな》じ正方形《せいほうけい》であつみのあるものでした。それを、一塁線《るいせん》と三塁線《るいせん》が直角《ちょっかく》に交《まじ》わるところにぴったりはまるように置《お》いていたのです。だから、キャッチャーや、その後《うし》ろに立《た》つ球審《きゅうしん》の位置《いち》から見《み》ると、ホームベースは前後左《ぜんごさ》右《ゆう》に角《かど》がとがって見《み》えました。

すると、都合《つごう》の悪《わる》いことがありました。ピッチャーの投《な》げた球《たま》がストライクになるのは、高《たか》さは別《べつ》として、ホームベースの上《うえ》を通《とお》った場合《ばあい》です。ところが、球《たま》がベースの左右《さゆう》の角《かど》のあたりを通《とお》ると、球審《きゅうしん》はストライク、ボールの判定《はんてい》が、しにくいのです。

野球《やきゅう》が進歩《しんぽ》して変化球《へんかきゅう》を投《な》げるピッチャーがあらわれると、判定《はんてい》はますますむずかしくなりました。

変化球《へんかきゅう》がベースの左右《さゆう》の角《かど》の手前《てまえ》から、ベースをさけるように曲《ま》がっていったら、ボールと判定《はんてい》します。しかしこれでは、変化球《へんかきゅう》が得意《とくい》なピッチャーは不利《ふり》になってしまいます。

そこで、正方形《せいほうけい》の角《かど》ではなく、辺《へん》がピッチャーに向《む》くように、ホームベースの向《む》きを四十五度《ど》変《か》えて置《お》くことにしました。

ところが今度《こんど》は、ホームベースが、一塁線《るいせん》と三塁線《るいせん》が交《まじ》わる角《かど》におさまらず、下《した》に三角形《さんかくけい》のすき間《ま》ができてしまいました。

カーブの場合《ばあい》

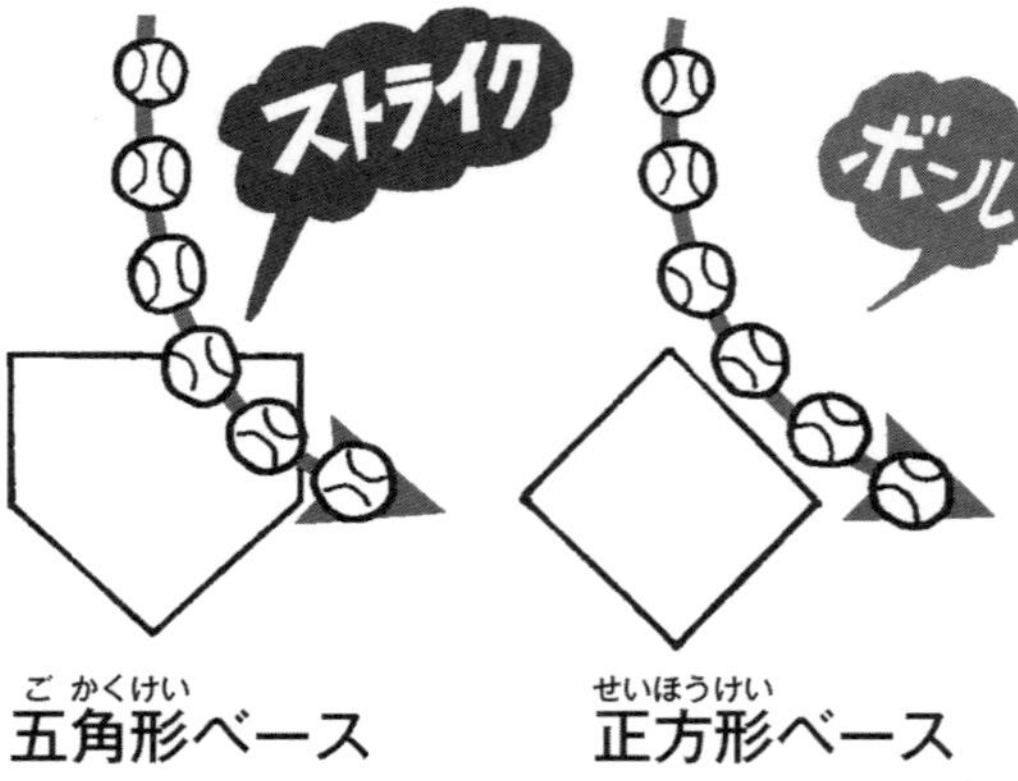

そこをうめた形《かたち》が、今《いま》の五角形《ごかくけい》なのです。ホームベースが五角形《ごかくけい》になったのは一九〇〇年《ねん》のことでした。

さらに、その後《ご》、ホームベースは材質《ざいしつ》も変《か》えられました。ほかのベースと同《おな》じく、ふかふかであつみがあると、

・ホームインしたランナーがふむと、形《かたち》が変《か》わることがあって、ストライク、ボールの判定《はんてい》がしにくくなる

・球《たま》がへりに当《あ》たると、どこにはねていくか、わからない

・ホームインのときに、ランナーがつまずくきけんがある

など、いろいろな不都合《ふつごう》があったからです。

そういうことがあって、今《いま》のホームベースは、ゴムでできた、うすい板《いた》のようになっているのです。

ラグビーのボールは、どうして真《ま》ん丸《まる》じゃないの？

ラグビーのボールは、細長《ほそなが》い形《かたち》をしていますね。あの形《かたち》を「だ円《えん》球《きゅう》」といいます。

ラグビーボールは、真《ま》ん丸《まる》いボールとちがって、右《みぎ》へ左《ひだり》へ不規則《ふきそく》に転《ころ》がります。ラインから出《で》そうなボールがグラウンド内《ない》にもどってきたり、味方《みかた》にわたるかと思《おも》えば、てきにわたってしまったり。

予測《よそく》のしにくい動《うご》きは、ゲームをたいへんおもしろくします。また、ラグビーでは、ボールをかかえて走《はし》ったり、味方《みかた》に投《な》げてパスしたりします。そういうプレーは、だ円球《えんきゅう》のほうがやりやすいのです。ボールをあつかいやすくし、ゲームをおもしろくするため。これが、ラグビーボールをだ円球《えんきゅう》にした理由《りゆう》です。

けれども、ラグビーのために、だ円球《えんきゅう》のボールが発明《はつめい》されたわけではありません。

もともとラグビーというスポーツは、フットボール（日本では、おもにサッカーという）から、ぐうぜん生《う》まれたものです。

今《いま》から二百年《ひゃくねん》ほど前《まえ》の一八二三年《ねん》のこと。イギリスのラグビー校《こう》という中学校《ちゅうがっこう》で行《おこな》われたフットボールの試合中《しあいちゅう》に、一人《ひとり》の選手《せんしゅ》が、何《なに》を思《おも》ったか、ボールを手《て》で持《も》ったまま走《はし》りだしました。もちろんルールいはんですが、これをきっかけに、ラグビー校《こう》では、新《あたら》しいルールのスポーツを作《つく》ってしまいました。このスポーツを学校《がっこう》の名《な》前《まえ》をとって、ラグビーと名付《なづ》けました。それがラグビーの始《はじ》まりなのです。

さて、そのころのボールは、ブタやウシの膀胱《ぼうこう》を空気《くうき》でふくらませ、外側《そとがわ》に動物《どうぶつ》の皮《かわ》をはりつけて作《つく》っていました。その形《かたち》が、真《ま》ん丸《まる》ではなく、だ円球《えんきゅう》に近《ちか》いものだったのです。

その後《ご》、ボールの材料《ざいりょう》も変《か》わり、作《つく》るぎじゅつも進歩《しんぽ》しました。すると、ほとんどの球技《きゅうぎ》では、真《ま》ん丸《まる》なボールを使《つか》うようになりました。そんな中《なか》、ラグビーは、前《まえ》にしょうかいした理由《りゆう》から、ボールをだ円球《えんきゅう》のまま進化《しんか》させることにしたというわけです。

ラグビーのほかに、真《ま》ん丸《まる》ではないボールを使《つか》う球技《きゅうぎ》には、アメリカンフットボール、アイスホッケーなどがあります。

アメリカンフットボールは、アメリカで、ラグビーを応用《おうよう》してルールなどを新《あら》たにして始《はじ》まったスポーツです。ラグビーボールとよくにた形《かたち》の、やや小《ちい》さなボールを使《つか》っています。

アイスホッケーのパックは、氷《こおり》の上《うえ》でよくすべるように、かたいゴムでできた平《ひら》べったい円柱形《えんちゅうけい》をしています。

アイスホッケー　　アメリカンフットボール

世界《せかい》で一番古《いちばんふる》い格闘技《かくとうぎ》は、何《なに》？

世界最古《せかいさいこ》の格闘技《かくとうぎ》は、レスリングであると考《かんが》えられています。エジプト、*メソポタミア、ギリシャと、古代文明《こだいぶんめい》の栄《さか》えたところで、軍隊《ぐんたい》の訓練《くんれん》のために始《はじ》められました。

メソポタミア文明《ぶんめい》では、今《いま》から約《やく》五千年前《せんねんまえ》に、行《おこな》われていました。そのころのものとされる遺跡《いせき》で見《み》つかった石板《せきばん》に、組《く》みあうレスラーのすがたがほられているのです。

古代《こだい》文明《ぶんめい》の中《なか》でも、レスリングが一《いち》番《ばん》さかんだったのは、ギリシャです。

今《いま》から約《やく》二千《せん》七百年前《ひゃくねんまえ》の、第《だい》十八回《かい》古代《こだい》オリンピックから競技種目《きょうぎしゅもく》に加《くわ》えられ、第《だい》二百《ひゃく》八十八回大会《かいたいかい》まで、千年《せんねん》以上《いじょう》にわたって行《おこな》われた記録《きろく》が残《のこ》っています。

当時《とうじ》のレスリング競技《きょうぎ》は、何《なに》も着《き》ないで、はだかで行《おこな》われ、すなをからだにふりかけて、あせですべらないようにしていました。

試合《しあい》は、立《た》ったままのしせいで組《く》みあって始《はじ》めます。

相手《あいて》のうでを取《と》ったり、からだを持《も》ちあげたりして投《な》げ、おしり

メソポタミア文明《ぶんめい》の遺跡《いせき》で見《み》つかった石板《せきばん》

＊メソポタミア……現在《げんざい》のイラクを中心《ちゅうしん》とした地域《ちいき》の古《ふる》いよび名《な》。世界《せかい》で最《もっと》も古《ふる》い文明《ぶんめい》が生《う》まれた地域《ちいき》。

や、せなかなどを地面《じめん》につけ、競技場《きょうぎじょう》の外《そと》へ相手《あいて》をおしだす、こうげきによって相手《あいて》をギブアップさせるなどで、ポイントが入《はい》ります。

先《さき》に三ポイントを取《と》ったほうが勝者《しょうしゃ》になりました。

今《いま》のルールとちがって、休《やす》む時間《じかん》がなく、試合時間《しあいじかん》にせいげんもなかったため、長《なが》い時間《じかん》かかる、きびしい競技《きょうぎ》だったようです。

スポーツは、世界《せかい》で何種類《なんしゅるい》くらいあるの？

世界《せかい》にあるスポーツの種類《しゅるい》を、いくつと、はっきりいうことは、できません。おそらく何千《なんぜん》、いや何万《なんまん》とあるかもしれません。

というのは、「スポーツとは何《なに》か」と考《かんが》えて、語源《ごげん》を調《しら》べてみると、「心配事《しんぱいごと》をわすれること」「働《はたら》かないこと」という意味《いみ》なのです。

これでは、何《なに》をスポーツとするのか、よくわかりませんね。

この言葉《ことば》を、のちの時代《じだい》のヨーロッパの人《ひと》びとは、自分《じぶん》たちなりに考《かんが》えて、スポーツは「気晴《きば》らしをすること」「遊《あそ》ぶこと」「楽《たの》しむこと」だとしました。それが、今《いま》のスポーツに対《たい》する考《かんが》え方《かた》のもとになっているのです。気晴《きば》らしに遊《あそ》んだり楽《たの》しんだりすることなら、からだを動《うご》かすこととはかぎりませんから、囲碁《いご》や将棋《しょうぎ》をスポーツとよんでもよいわけです。

また、国《くに》によって、あることがスポーツかそうでないかが、ちがう場合《ばあい》があります。例《たと》えば、イギリスでは、けものをかる狩猟《しゅりょう》はスポーツとされてきました。昔《むかし》から広《ひろ》く、キツネがりやウサギがりをスポーツとして楽《たの》しんでいるのです。

でも、日本でスポーツとして狩猟《しゅりょう》をする人《ひと》は少《すく》なく、多《おお》くは食料《しょくりょう》をえるためや、害獣《がいじゅう》をとらえるための「仕事《しごと》」だと考《かんが》えられています。

オリンピックで行《おこな》われた種目数《しゅもくすう》は、一八九六年《ねん》の第《だい》一回《かい》オリンピック・アテネ大会《たいかい》では四十三種目《しゅもく》でした。それが回《かい》を重《かさ》ねるごとにふえて、二〇二〇年《ねん》の東京《とうきょう》大会《たいかい》では、三十三競技《きょうぎ》三百《びゃく》三十九種目《しゅもく》です。

この数《かず》にしても、世界中《せかいじゅう》のスポーツの数《かず》にくらべたら、ほんのひとにぎりになってしまいますね。

※情報《じょうほう》は、2019年《ねん》10月《がつ》1日《ついたち》現在《げんざい》のもの。

知《し》ってびっくり!!

世界《せかい》の国《くに》ぐにには、どんなおもしろいスポーツがあるの？

世界中《せかいじゅう》には、日本ではあまり知《し》られていない、めずらしいスポーツがいっぱい。その中《なか》には、世界的《せかいてき》にさかんで、国際大会《こくさいたいかい》が開《ひら》かれているスポーツもあります。今《いま》から始《はじ》めれば、日本代表《だいひょう》に選《えら》ばれることも、ゆめではないかもしれません。

カバディ

「おにごっこ」のようなスポーツです。こうげきの選手《せんしゅ》は、「カバディ、カバディ」といいつづけながら、相手《あいて》チームの人《ひと》にタッチし、つかまらずに味方《みかた》コートににげかえれたら得点《とくてん》になります。二千年以上《せんねんいじょう》も昔《むかし》に、インドで始《はじ》まったといわれています。

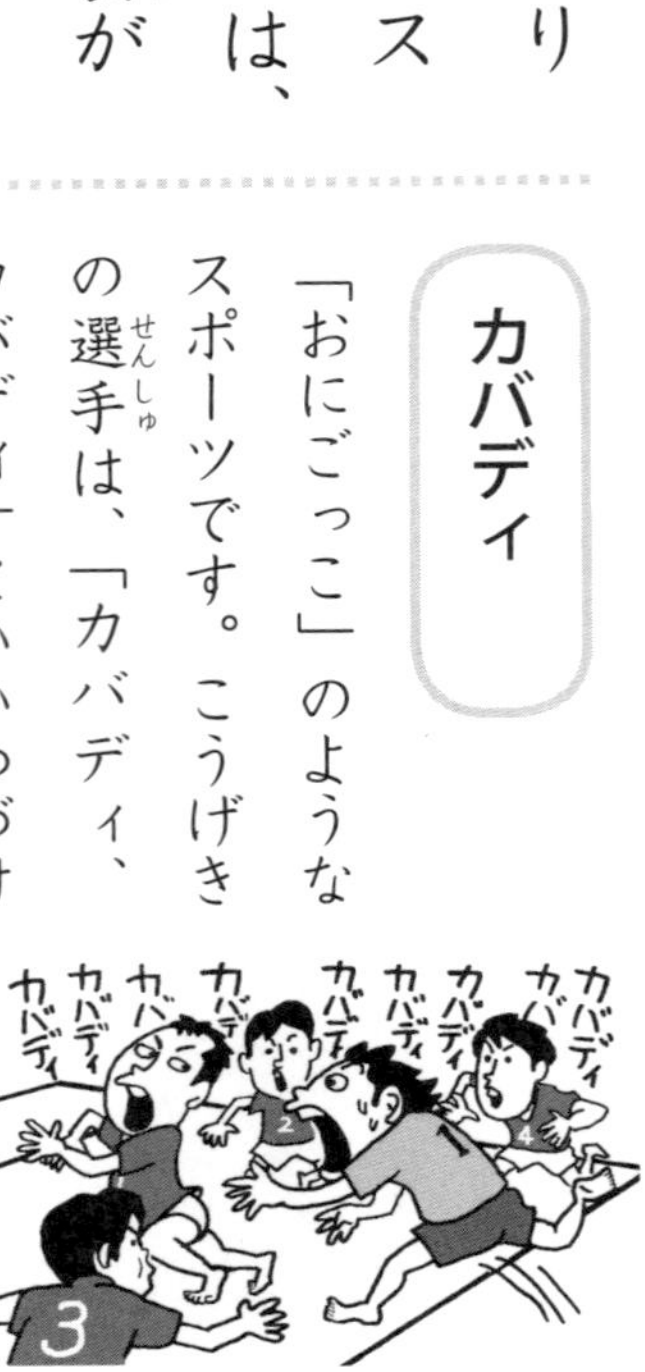

セパタクロー

足《あし》を使《つか》ってするバレーボールのようなものです。

一チームは三人《にん》。三回《かい》までのキックで、相《あい》手《て》コートにボールを返《かえ》します。一人《ひとり》の選手《せんしゅ》が三回続《かいつづ》けてボールにさわってもかまいません。うでと手《て》を使《つか》うのは反則《はんそく》ですが、足《あし》や頭《あたま》、むねは使《つか》えます。

東南《とうなん》アジアの国《くに》ぐにでは、千百《せんひゃく》〜千《せん》二百《ひゃく》年《ねん》も前《まえ》から行《おこな》われている、人気《にんき》のスポーツです。

フィーエルヤッペン

八〜十三メートルの長《なが》いぼうを使《つか》って、水《みず》をはったほりや運河《うんが》をとびこえます。失《しっ》敗《ぱい》すれば、もちろん、水《みず》にドボン！です。とぶかっこうは、ぼう高《たか》とびににていますが、高《たか》さを競《きそ》うのではなく、きょりを競《きそ》います。

オランダで人《ひと》びとが水路《すいろ》の向《む》こう側《がわ》に移動《いどう》するときに、ぼうを使《つか》ってとびこえたのが始《はじ》まりといわれ、二百《ひゃく》五十年以上前《ねんいじょうまえ》から行《おこな》われています。

キャスティング

魚《さかな》つりのさおやリールを使《つか》って、おもりや糸《いと》の先《さき》のはりを飛《と》ばす競技《きょうぎ》です。どれだけ遠《とお》くまで飛《と》ばせるかを競《きそ》う種目《しゅもく》と、的《まと》をねらって正確《せいかく》さを競《きそ》う種目《しゅもく》があります。上手《じょうず》な選手《せんしゅ》なら、百《ひゃく》メートルも飛《と》ばすことができます。

始《はじ》まりは、今《いま》から約百《やくひゃく》四十年前《ねんまえ》。イギリスで最初《さいしょ》の大会《たいかい》が行《おこな》われました。

キャスティングは、実際《じっさい》の魚《さかな》つりの練習《れんしゅう》にもなります。

コーフボール

一九〇二年《ねん》にオランダで、バスケットボールをもとに考《かん》えだされました。

一チームは男女《だんじょ》四人《にん》ずつの八人《にん》。バスケットとの大《おお》きなちがいは、ドリブルが禁《きん》止《し》されていること。そのため、プレーはパスが中心《ちゅうしん》になり、一人《ひとり》の選手《せんしゅ》にボールがかたよることはありません。

体力《たいりょく》や体格《たいかく》のちがう男女《だんじょ》が、同《おな》じように活《かつ》やくできるのです。

ペタンク

百年《ひゃくねん》ほど前《まえ》に、フランスで生《う》まれた球技《きゅうぎ》です。

初《はじ》めに、じゅんびとして、地面《じめん》に「サークル」という輪《わ》をかき、そこから「ビュット」という球《たま》を投《な》げます。ビュットが止《と》まったところで、ゲーム開始《かいし》です。サークルからビュットを目標《もくひょう》に「ブール」という球《たま》を投《な》げ、ビュットに近《ちか》づけたほうが勝《か》ちです。

ブールで相手《あいて》のブールをはじきとばして、ビュットから遠《とお》ざけてもかまいません。

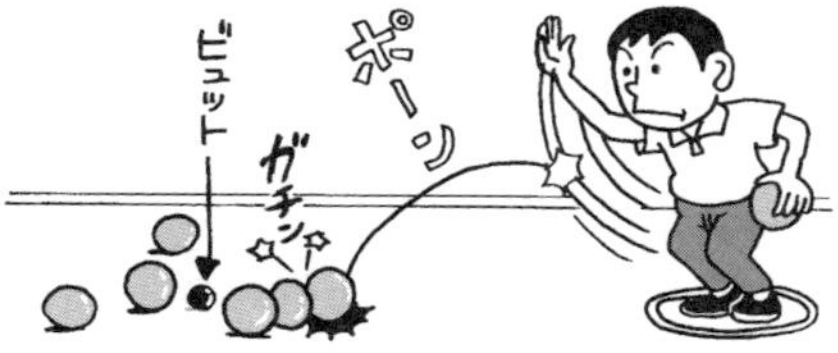

ラート

二本《ほん》の大《おお》きな輪《わ》を平行《へいこう》につないだ器具《きぐ》に、選手《せんしゅ》が入《はい》って回《かい》転《てん》させる競技《きょうぎ》です。

種目《しゅもく》は、二本《ほん》の輪《わ》をゆかにつけて回《まわ》る「直転《ちょくてん》」と、一本《ぽん》の輪《わ》だけを使《つか》って回《まわ》る「斜転《しゃてん》」。それに、輪《わ》を転《ころ》がしてとびこす「跳躍《ちょうやく》」があります。

一九二五年《ねん》に、子《こ》どもの遊《あそ》び道具《どうぐ》として、ドイツで考《かん》えだされましたが、日本では、昔《むかし》、パイロットの訓練《くんれん》に用《もち》いられたことがあります。

日本で始《はじ》まった、「おもしろいスポーツ」もあります。

*スポーツ雪合戦《ゆきがっせん》

名前《なまえ》のとおり、雪合戦《ゆきがっせん》にルールを決《き》めて、スポーツにしたもので、一九八八年《ねん》ごろ、北海道《ほっかいどう》で始《はじ》められました。

七人《にん》ずつ二チームに分《わ》かれて戦《たたか》い、相手《あいて》チームの全《ぜん》員《いん》に雪玉《ゆきだま》を当《あ》てるか、相手《あいて》コートの旗《はた》を取《と》れば、勝《か》ちになります。

かべにかくれて相手《あいて》の動《うご》きを見《み》ながら、相手《あいて》コートにせめこんでいきます。

*スポーツウエルネス吹矢《ふきや》

一九八八年《ねん》ごろ、新潟県《にいがたけん》のお医者《いしゃ》さんが、健康《けんこう》のために考《かんが》えだしました。

五〜十メートル、はなれた的《まと》をねらって、つつに入《い》れた矢《や》をふいて飛《と》ばします。矢《や》のささった場所《ばしょ》が的《まと》の中心《ちゅうしん》に近《ちか》いほど、高得点《こうとくてん》になります。

大《おお》きく息《いき》をすいこんでおなかに力《ちから》を入《い》れて矢《や》をふくので、腹筋《ふっきん》もきたえられます。

*「スポーツ雪合戦《ゆきがっせん》」は、一般社団法人《いっぱんしゃだんほうじん》日本雪合戦連盟《ゆきがっせんれんめい》の登録商標《とうろくしょうひょう》です。

*「スポーツウエルネス吹矢《ふきや》」は、一般社団法人《いっぱんしゃだんほうじん》日本スポーツウエルネス吹矢協会《ふきやきょうかい》の登録商標《とうろくしょうひょう》です。

文・鶴川たくじ　絵・丸岡テルジロ　知ってびっくり！マーク・森 佳世

生《い》き物《もの》・自然《しぜん》の、なぜ？ どうして？

文・澤口たまみ
絵・なかさこかずひこ！

レッサーパンダとジャイアントパンダは、同《おな》じなかまなの？

どちらもタケを食《た》べ、パンダという名前《なまえ》がついていますが、ちがうなかまの動物《どうぶつ》です。

これらのうち、先《さき》にヨーロッパでしょうかいされたのはレッサーパンダでした。今《いま》から二百年《ひゃくねん》ほど前《まえ》の、一八二一年《ねん》のことです。ヒマラヤ山脈《さんみゃく》におり、そのときは、ただ「パンダ」とだけ、名前《なまえ》が付《つ》けられました。パンダとは、ネパールの言葉《ことば》で「タケを食《た》べるもの」を意味《いみ》する「ポンヤ」または「ポンガ」が、なまったものだといわれています。

レッサーパンダが見《み》つかったあと、一八六九年《ねん》にジャイアントパンダがしょうかいされました。どちらもタケを食《た》べることから、レッサーパンダと同《おな》じなかまだと考《かんが》えた人《ひと》びとは、大《おお》きなほうを「ジャイアントパンダ」とよび、もともとパンダとよんでいたレッサーパンダには、「より小《ちい》さい」という意味《いみ》の「レッサー」を付《つ》けました。

そして今《いま》では、パンダといえばジャイアントパンダのことを指《さ》すようになりました。いっぽうレッサーパンダは、毛《け》が赤茶色《あかちゃいろ》なので、英語《えいご》では「レッド（赤《あか》）パンダ」とよばれることもあります。

この二種《しゅ》のパンダのなかま分《わ》けについては、これまでにいろいろな説《せつ》がありました。レッサーパンダははじめ、アライグマ科《か》に入《い》れられましたが、あとからクマ科《か》に入《い》れられました。「科《か》」というのは、生《い》き物《もの》をなかま分《わ》けするときのグループです。

ジャイアントパンダのほうも、クマ科《か》に入《い》れるかアライグマ科《か》に入《い》れるか、それともパンダ科《か》というのをつくってしまおうかと、たくさんの研究者《けんきゅうしゃ》によって議論《ぎろん》されてきたのです。

今《いま》では、化石《かせき》の研究《けんきゅう》や、遺伝子《いでんし》を研究《けんきゅう》した結果《けっか》などから、ジャイアントパンダはクマ科《か》でクマのなかま、レッサーパンダはレッサーパンダ科《か》でイタチやアライグマに近《ちか》いなかまではないだろうか、という説《せつ》が有力《ゆうりょく》になってきました。

ところが、ジャイアントパンダとレッサーパンダには、この二種《しゅ》にしかない共通《きょうつう》の特《とく》ちょうがあります。前《まえ》あしに、人《ひと》の親《おや》指《ゆび》と同《おな》じような働《はたら》きをする「ふくらみ」があり、そのふくらみと、ほかの指《ゆび》とで、上手《じょうず》にタケをはさんで持《も》つことができるのです。それで二種《しゅ》のパンダを、パンダ科《か》というグループに分《わ》けるという説《せつ》も、ありました。

木《き》に登《のぼ》る魚《さかな》がいるって、ほんとう？

動物《どうぶつ》は、空気中《くうきちゅう》の酸素《さんそ》を、肺《はい》を通《つう》じてからだの中《なか》にとりこみ、呼《こ》吸《きゅう》をして生《い》きていますが、魚《さかな》は水中《すいちゅう》の酸素《さんそ》を、頭《あたま》の付《つ》け根《ね》のところにあるえらを通《つう》じてからだの中《なか》に取《と》りこんでいます。そのため、魚《さかな》は水《みず》のないところでは呼吸《こきゅう》ができず、死《し》んでしまいます。

しかし、ぬまや池《いけ》など、ときどき水《みず》がひあがってしまうところにすむ魚《さかな》の中《なか》には、空気中《くうきちゅう》から酸素《さんそ》を取《と》りこむしくみを持《も》つものがあらわれました。中国《ちゅうごく》の南部《なんぶ》や、東南《とうなん》アジアのぬまや川《かわ》にすむキノボリウオは、そんな魚《さかな》の一種《いっしゅ》です。

キノボリウオのなかまは、えらの上《うえ》に、迷路《めいろ》のようなひだに血管《けっかん》がはりめぐらされた「ラビリンス器官《きかん》」を持《も》ち、ここを通《つう》じて空気《くうき》中《ちゅう》の酸素《さんそ》をからだの中《なか》に取《と》りこみます。ラビリンスとは、「迷宮《めいきゅう》」という意味《いみ》です。おかげでキノボリウオは、雨《あめ》のあとに、池《いけ》から池《いけ》へと移動《いどう》できるようになりました。しかし、キノボリウオは木《き》の上《うえ》にまでは登《のぼ》りません。

キノボリウオは、二百年《ひゃくねん》以上《いじょう》も昔《むかし》の一七九七年《ねん》に、「木《き》に登《のぼ》る魚《さかな》」として、ヨーロッパにしょうかいされました。けれども、それは、のちの学者《がくしゃ》によって否定《ひてい》されました。キノボリウオを鳥《とり》が運《はこ》び、木《き》のえだに引《ひ》っかけられたあと、それを見《み》た人《ひと》が、魚《さかな》が自分《じぶん》で木《き》に登《のぼ》ったものとかんちがいしたようです。

いっぽう、日本の海《うみ》には、トビハゼという魚《さかな》がいます。遠《とお》くまでどろの積《つ》もった「干潟《ひがた》」とよばれる海岸《かいがん》で、ぴょんぴょんとはねたり、むなびれを使《つか》って、はいまわったりします。この魚《さかな》には、えらもありますが、からだ中《じゅう》の皮《ひ》ふからも空気中《くうきちゅう》の酸素《さんそ》を取《と》りこみます。トビハゼの場合《ばあい》は、干潟《ひがた》のく

らしになれているので、海《うみ》の水《みず》が満《み》ちてくると、大急《おおいそ》ぎではねて、陸《りく》のほうににげたり、海《うみ》の中《なか》に立《た》てられた木《き》のくいに、よじのぼったりします。

また、鹿児島県《かごしまけん》の奄美地方《あまみちほう》より南《みなみ》には、トビハゼの一種《いっしゅ》のミナミトビハゼがいます。こちらも、どろの上《うえ》で活動《かつどう》しますが、干潟《ひがた》ではなく、マングローブがあるような海岸《かいがん》でくらしています。えものを追《お》いかけたり、海水《かいすい》が満《み》ちてきたときに、マングローブの地上《ちじょう》に出《で》ている根《ね》などに、しがみついてよじのぼることがあります。そんなミナミトビハゼは、木《き》に登《のぼ》る魚《さかな》といってよいでしょう。

地震《じしん》の、震度《しんど》とマグニチュードは、どうちがうの？

地震《じしん》のあと、気象庁《きしょうちょう》から出《だ》される地震《じしん》じょうほうを見《み》ると、地震《じしん》の強《つよ》さを表《あらわ》す数字《すうじ》として、「マグニチュード」と「震度《しんど》」の二つが発表《はっぴょう》されます。気象庁《きしょうちょう》は、大気《たいき》などの様子《ようす》を調《しら》べて毎日《まいにち》の天気《てんき》を予《よ》報《ほう》するとともに、大雨《おおあめ》やこう水《ずい》、地震《じしん》や火山《かざん》のふん火《か》など、さまざまな自然災害《しぜんさいがい》から、わたしたちを守《まも》る仕事《しごと》をしている機関《きかん》です。

地球《ちきゅう》の表面《ひょうめん》は、「プレート」とよばれる板状《いたじょう》の巨大《きょだい》な岩《いわ》が、何《なん》まいか合《あ》わさってできています。プレートはゆっくりと動《うご》いていて、その合《あ》わせ目《め》では、いつでもおしあいが続《つづ》いています。そのためプレートには少《すこ》しずつゆがみができ、そのゆがみを、元《もと》にもどそうとする力《ちから》がたまります。その結果《けっか》、プレートが急《きゅう》にはねかえったり、こわれたりして「だんそう」という切《き》れ目《め》ができます。また、すでにあるだんそうがずれることもあります。そのようなときに、地震《じしん》が起《お》こるのです。

地震《じしん》が起《お》こった場所《ばしょ》（震源《しんげん》）で、プレートが動《うご》いたり、ずれたりしたときに生《う》まれるエネルギーの大《おお》きさを表《あらわ》す数字《すうじ》が、マグニチュードです。エネルギーとは、物《もの》を動《うご》かす働《はたら》きを意味《いみ》しています。そうして地下《ちか》で生《う》まれたエネルギーが、地《じ》面《めん》に伝《つた》わって、ゆれが起《お》こります。各地《かくち》のゆれの大《おお》きさを表《あらわ》す数字《すうじ》が、震度《しんど》です。

マグニチュードは、震源《しんげん》でのエネルギーの大《おお》きさを表《あらわ》すので、一つの地震《じしん》で発表《はっぴょう》される数字《すうじ》も一つです。しかし、震度《しんど》はそれぞれの地点《ちてん》で感《かん》じられたゆれの大《おお》きさなので、一つの地震《じしん》でいくつもの数字《すうじ》が発表《はっぴょう》されます。一番《ばん》ゆれのはげしかった場所《ばしょ》の震度《しんど》を、その地震《じしん》での「最大震度《さいだいしんど》」といいます。

震度《しんど》は、各地《かくち》に設置《せっち》された震度計《しんどけい》によって、はかられます。

いっぽう、マグニチュードは、一九三五年《ねん》にアメリカのチャールズ・リヒター博士《はかせ》が、震源《しんげん》から百《ひゃっ》キロメートルはなれた地点《ちてん》にある地震計《じしんけい》のふれはばから、計算《けいさん》する式《しき》をつくりました。今《いま》では、それだけでなく、さまざまな計算式《けいさんしき》があります。震源《しんげん》で、ずれただんそうの面積《めんせき》と、ずれの大《おお》きさ、岩《いわ》のかたさをもとに計算《けいさん》するものを、モーメントマグニチュードといいます。

モーメントマグニチュードは、大《おお》きな地震《じしん》のエネルギーを計算《けいさん》するのに向《む》いていることから、二〇一一年《ねん》三月《がつ》十一日《にち》に起《お》こった東北《とうほく》地方太平洋沖地震《ちほうたいへいようおきじしん》では、最終的《さいしゅうてき》にモーメントマグニチュードの計算《けいさん》式《しき》が使《つか》われ、マグニチュード九・〇の超巨大地震《ちょうきょだいじしん》と発表《はっぴょう》されました。

シマウマのしまは、たてじま？横《よこ》じま？

見《み》たとおり、たてじまじゃないの？　と思《おも》う人《ひと》もいるでしょう。ところが、シマウマのしまは、横《よこ》じまなのです。

動物《どうぶつ》のからだのしまもようは、そのしまが、せぼねに対《たい》してどのような向《む》きに入《はい》っているかによって、たて、横《よこ》の区別《くべつ》をします。せぼねに対《たい》して平行《へいこう》にしまが入《はい》っていれば、たてじまです。せぼねに対《たい》して垂直《すいちょく》にしまが入《はい》っていれば、横《よこ》じまです。ですからシマウマのしまは、横《よこ》じまということになります。

魚《さかな》も同《おな》じです。南《みなみ》の海《うみ》に、タテジマキンチャクダイという魚《さかな》がいます。この魚《さかな》のしまもようは、泳《およ》いでいるときに横《よこ》から見《み》ると、横《よこ》じまに見《み》えます。ところが、せぼねの向《む》きをたてにするように頭《あたま》を上《うえ》にして魚《さかな》を立《た》たせてみると、正《ただ》しくはその名《な》のとおり、たてじまであることがわかります。

しまもようを持《も》った動物《どうぶつ》は、ほかにもいます。例《たと》えばイノシシの子《こ》どもは、野《や》

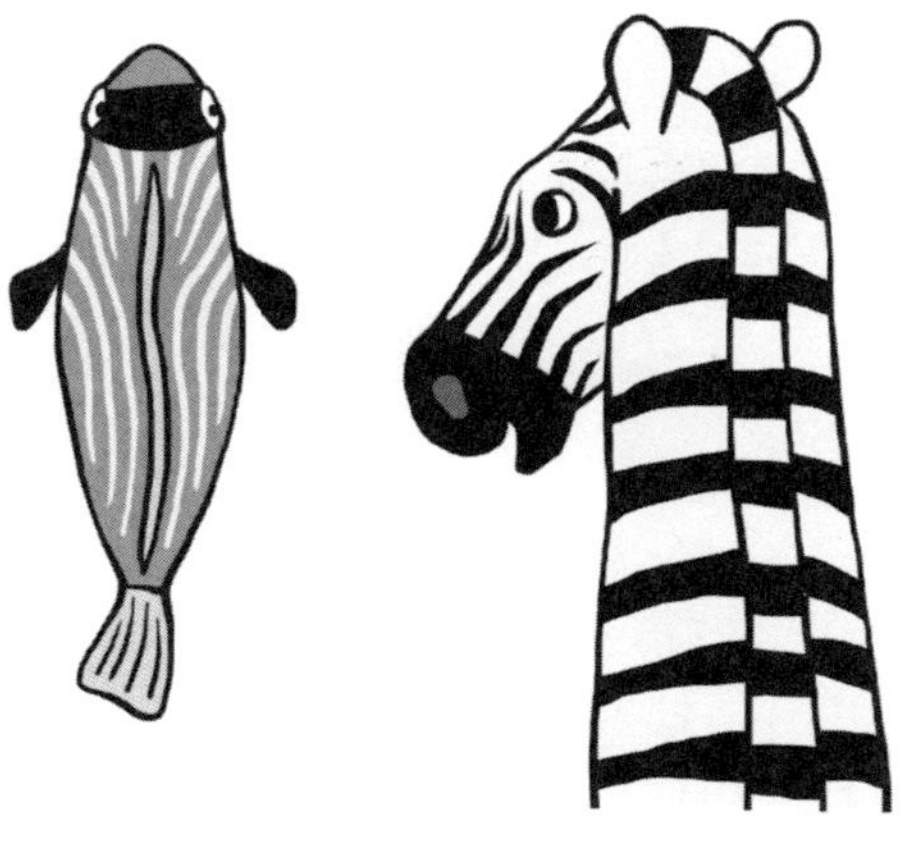

菜《さい》のうり（マクワウリ）のような形《かたち》で、せなかに同《おな》じたてじまもようもあることから、「うりぼう」とよばれています。うりぼうの茶《ちゃ》色《いろ》のしまもようは、草《くさ》むらなどにかくれているときに、ほご色《しょく》として働《はたら》きます。ところどころ日《ひ》が差《さ》したり、木《き》のかげができたりしている林《はやし》の地面《じめん》では、そのもようは、目立《めだ》ちにくいのです。

生《い》き物《もの》のすがたが、周《まわ》りの色合《いろあ》いにとけこんで目立《めだ》たなくなっているとき、その生《い》き物《もの》の色《いろ》や形《かたち》をほご色《しょく》といいます。そしてシマウマのしまもようも、実《じつ》はほご色《しょく》です。あんなに目立《めだ》つ白黒《しろくろ》のしまもようがほご色《しょく》だなんて、信《しん》じられないかもしれませんね。

シマウマがすむサバンナは、たけの長《なが》い草《くさ》や木《き》がある場所《ばしょ》です。遠《とお》くから見《み》ると、たてにたくさんの線《せん》があるように見《み》えます。

さらに、シマウマのてきとなるライオンなどの動物《どうぶつ》の多《おお》くは、人間《にんげん》よりも見《み》えている色《いろ》の数《かず》が少《すく》なく、赤《あか》と緑《みどり》の区別《くべつ》がついていないことがわかっています。そのため動物《どうぶつ》たちにとっては、白黒《しろくろ》というシマウマの色合《いろあ》いは、意外《いがい》と目立《めだ》たないものなのでしょう。

また、シマウマのしまもようには、群《む》れになっていると、一頭《とう》のりんかくがわかりにくくなるという効果《こうか》もあります。

チョウとガのちがいは、何《なに》？

ちがいを答《こた》える前《まえ》にまず、チョウとガに、共通《きょうつう》した特《とく》ちょうをしょうかいしましょう。それは、羽《はね》が「りんぷん」という粉《こな》に、おおわれていることです。同《おな》じつくりの羽《はね》を持《も》つチョウとガは、同《おな》じなかまのこん虫《ちゅう》なのです。

例《たと》えば、トンボのなかまにも、アカトンボや、からだの細《ほそ》いイトトンボや、大《おお》きくて勇《いさ》ましいヤンマなど、いくつかのグループに分《わ》けられます。チョウとガのちがいも、そんなグループのちがいと同《おな》じだと考《かんが》えれば、わかりやすいでしょう。

同《おな》じなかまのチョウとガにも、さまざまなちがいがあります。例《たと》えば一般的《いっぱんてき》には、チョウの色《いろ》はあざやかで、ガは地味《じみ》。ガはからだが太《ふと》くて、チョウは細《ほそ》いといわれています。さらに、ガは毛深《けぶか》くて、チョウはそうでもない。とまったときに、チョウは羽《はね》をとじるが、ガはとじない、など。

それでは、チョウとガのちがいは、どのような理由《りゆう》で生《う》まれたのでしょう。それは、チョウがおもに昼《ひる》に活動《かつどう》し、ガは夜《よる》に活動《かつどう》するという、習性《しゅうせい》のちがいです。

夜《よる》は暗《くら》いので、もようや色《いろ》は見《み》えません。つまりガは、あざやかな色《いろ》をしていても、意味《いみ》がないのです。むしろ昼《ひる》、明《あか》るいときに木《き》のみきなどで休《やす》んでいるので、地味《じみ》な色《いろ》の羽《はね》を、ぺたりと開《ひら》いて止《と》まっていたほうが、鳥《とり》に見《み》つかりにくく、食《た》べられるきけんが、へります。しかも、夜《よる》は気温《きおん》が下《さ》がるので、夜《よる》に活動《かつどう》するガのからだは、冷《ひ》えにくいように、太《ふと》く、毛深《けぶか》くなっています。

しかし、ガの中《なか》には、あざやかな色合《いろあ》いをしていてからだが細《ほそ》く、毛深《けぶか》くなくて、とまるときに、羽《はね》をとじる、チョウそっくりのものもいます。この種《しゅ》のガは、昼《ひる》に活動《かつどう》するガです。もちろんチョウにも、地味《じみ》なものはいます。

このようにまぎらわしいチョウとガですが、とっておきの見分《みわ》け方《かた》があります。それは、「しょっ角《かく》」の先《さき》の形《かたち》です。チョウのしょっ角《かく》は、いずれも先《さき》のほうが少《すこ》し太《ふと》く、ジュースなどをかきまわすときのマドラーのような感《かん》じになっています。

ところが、ガのしょっ角《かく》は、ほとんどのものが、先《さき》が太《ふと》くならず、ぷつんと切《き》れたようにのびています。また、ガのオスの中《なか》には、しょっ角《かく》が細《こま》かく枝分《えだわ》かれして、くしのような形《かたち》になっているものもいます。

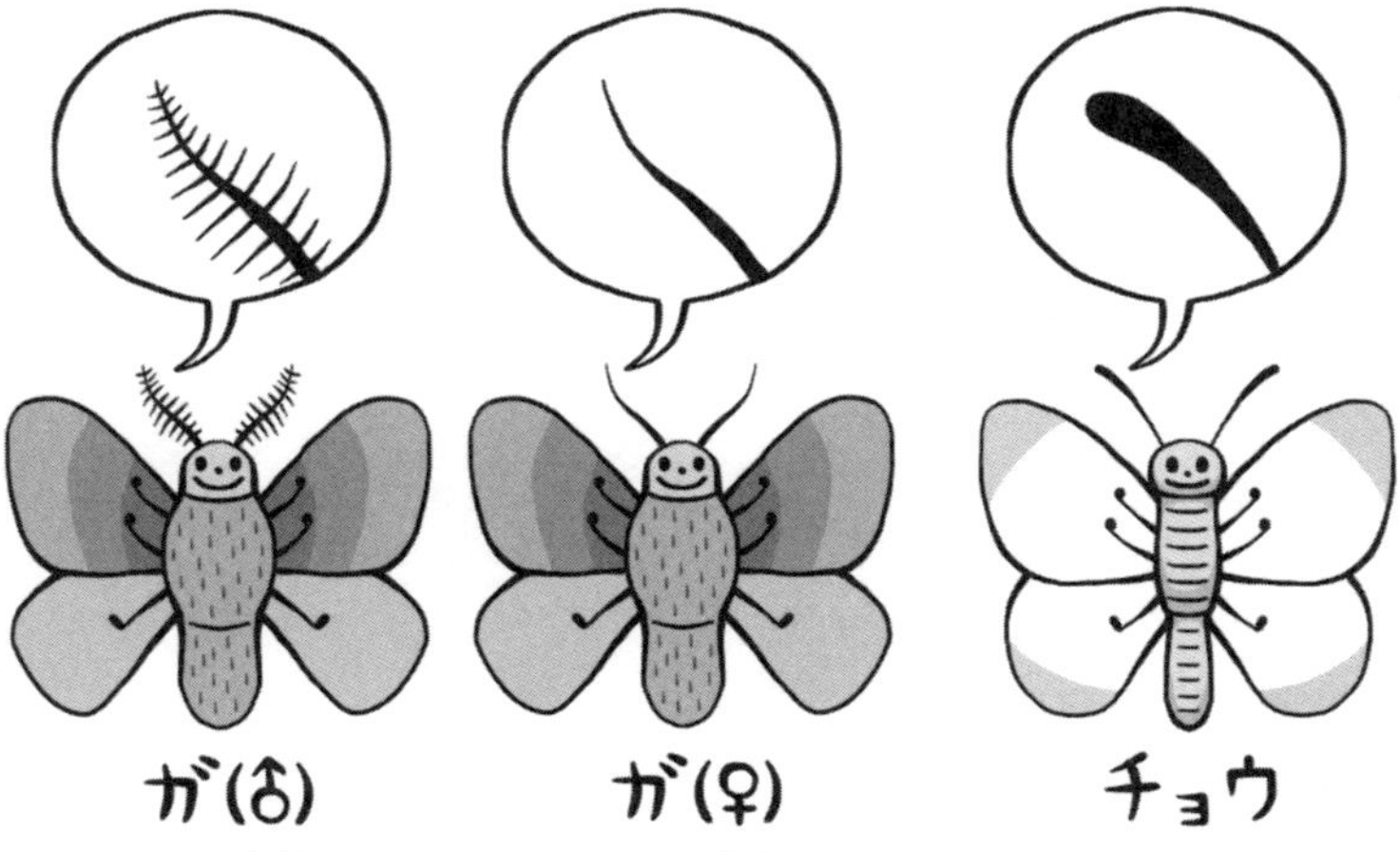

きずついた野生動物《やせいどうぶつ》を見《み》つけたら、どうすればいいの？

野生動物《やせいどうぶつ》は、食《く》うか食《く》われるかといった、きびしい自然界《しぜんかい》の関係《かんけい》の中《なか》で生《い》きています。ほかの動物《どうぶつ》におそわれて命《いのち》を失《うしな》うのは、かわいそうですが、自然《しぜん》の中《なか》では当《あ》たり前《まえ》のことなのです。

そのため、きずついた野生動物《やせいどうぶつ》を見《み》つけても、それがほかの動物《どうぶつ》によっておそわれたものならば、わたしたちは、その動物《どうぶつ》の生《い》きる力《ちから》を信《しん》じ、静《しず》かに見守《みまも》るべきでしょう。

鳥《とり》のひなが地面《じめん》に落《お》ちているのを見《み》つけたときも、同《おな》じです。ネコなどにおそわれないように、少《すこ》し高《たか》いところにうつしてあげるぐらいはしてもよいのですが、あとはどんなに心配《しんぱい》でも、そっとしておきましょう。親鳥《おやどり》が必《かなら》ずそばにいて、えさを運《はこ》ぶなどして助《たす》けようとしているはずです。決《けっ》して、ひなを連《つ》れかえってはいけません。

シカなどの子《こ》どもが、草《くさ》むらに一ぴきでうずくまっているのを見《み》つけたときも、連《つ》れてかえってはいけません。近《ちか》くに親《おや》がいなくても、迷子《まいご》になっているのではありません。親《おや》が帰《かえ》ってくるまでの間《あいだ》、かくれて

いるだけのことがほとんどです。

ただし交通事故《こうつうじこ》やかんきょうのはかいなど、人間《にんげん》の行動《こうどう》が原因《げんいん》になって野生動物《やせいどうぶつ》がきずついたことが明《あき》らかな場合《ばあい》には、できるかぎり助《たす》ける努力《どりょく》をしたいものです。じゅう医師《いし》さんたちが中心《ちゅうしん》になり、それぞれの地域《ちいき》で野生動物《やせいどうぶつ》を助《たす》けるしくみがつくられています。おうちの方《かた》に相談《そうだん》して、役場《やくば》や県庁《けんちょう》などに問《と》いあわせるとよいでしょう。

野生動物《やせいどうぶつ》にとって、人間《にんげん》はおそろしいそんざいです。そのため、こうげきしてくることもあります。また、人間《にんげん》にうつる病気《びょうき》にかかっている場合《ばあい》もあるので、ほごするときには、手《て》ぶくろや消毒《しょうどく》などを用意《ようい》し、大人《おとな》といっしょに行《おこな》いましょう。

もっと！ 知《し》りたいきみへ

「身近《みぢか》なぎもん」について、もっと知《し》りたくなった人《ひと》は、
おうちの方《かた》といっしょに以下《いか》のウェブサイトを見《み》てみましょう。
さらに新《あたら》しい発見《はっけん》があるかもしれません。

東芝未来科学館《とうしばみらいかがくかん》　https://toshiba-mirai-kagakukan.jp/learn/

「1号機《ごうき》ものがたり」や、最新《さいしん》の科学技術《かがくぎじゅつ》を解説《かいせつ》するページなどを見《み》ることができます。

国連《こくれん》キッズ　https://www.unic.or.jp/kids/

国連《こくれん》とは、どんなところ？　世界《せかい》ではどんなことが問題《もんだい》になっているの？　ちょっとむずかしいけれど、おうちの人《ひと》と見《み》てみましょう。

トリックアートファンサイト　http://www.trickart.fun/

目《め》のさっ覚《かく》を使《つか》ったトリックアートをたくさんしょうかいしています。全《ぜん》国《こく》のイベントなども、もりだくさんです。

ぞうへいきょく探検隊《たんけんたい》　https://www.mint.go.jp/kids

独立行政法人《どくりつぎょうせいほうじん》 造幣局《ぞうへいきょく》の子《こ》ども向《む》けウェブサイト。貨《か》へいに関《かん》する知識《ちしき》を、クイズやゲームなどで学《まな》べます。

国立印刷局《こくりついんさつきょく》「おしえて！100メンサツ」
https://www.npb.go.jp/ja/kids/

独立行政法人《どくりつぎょうせいほうじん》 国立印刷局《こくりついんさつきょく》は、お札《さつ》、切手《きって》、パスポートなどを作《つく》っているところです。お札《さつ》の歴史《れきし》などがよくわかります。

学研《がっけん》キッズネット　https://kids.gakken.co.jp/

学研《がっけん》の子《こ》ども向《む》けウェブサイト。さまざまな調《しら》べ物《もの》などに役立《やくだ》ちます。「よみとく10分《ぷん》」のコーナーもあります。ぜひ、のぞいてみてくださいね。

＊この情報《じょうほう》は、2019年《ねん》10月《がつ》1日《ついたち》現在《げんざい》のものです。

おうちの方へ

総合監修／西東京市立けやき小学校副校長　三田　大樹

○○○

教員になって間もないころ、先輩教師の言葉に衝撃を受けた思い出があります。

「子どもが、その気にならないといけない。興味を持ったときに、その子の学びが始まる。だから、あせりは禁物。強引に教えたことは、その子の中に、ほとんど残らない」と。

無我夢中で子どもとかかわっていた当時の私に、もっと、子どもの「知りたい」「やってみたい」という、内面からわきおこるサインに目を向けなさいと教えてくれました。

四年生は、たくさんの疑問があふれてくる年ごろです。身近な生活の疑問から、ほんのちょっぴり背のびをして社会や環境、福祉に関する疑問まで、子どもの興味・関心に広がりが見られるようになります。

また、学校では、本や図鑑だけでなく、実際に見学したり、体験した

り、直接、人にインタビューしたりするなど、様々な調べ方も体験的に学びます。「なるほど」とすっきり解決できるものもあれば、調べることで、新たな疑問が生まれることもあります。

でも、「どうしてだろう」「不思議だな」という疑問を、自分なりの方法で調べ、考え、まとめるという、学びのプロセスを経験した子どもは、目をきらきらと輝かせ、どこか自信にあふれているものです。この時期の子どもは、成功体験で、がぜんやる気を発揮します。だからこそ、子どもの疑問に心を寄せ、努力して調べたことや、あきらめずに考えたことを、ほめてくれる大人の存在は大きいのです。「調べるって楽しいな」「わかるってうれしいな」と、子どもを「その気にさせる」ことができたら、しめたものだと思いませんか。

本書には、この年齢のお子さんが知りたがる疑問が集められています。目次から、興味のある疑問を見つけて読み進めてもよいでしょう。読後に、さらに詳しく調べてもよいでしょう。

本書が、おうちの方とともに、お子さんの探究心をくすぐるきっかけになることを願っています。

三田 大樹（みた　ひろき）

1971年生まれ。1995年より東京都杉並区、新宿区の小学校教員を勤める。2010年度、勤務する新宿区立大久保小学校において、地域社会に参画する態度を育てる教育指導により、東京新聞教育賞を受賞。小学校学習指導要領（平成29年告）解説「総合的な学習の時間編」専門的作業等協力者。R2評価規準・評価方法等の工夫改善等に関する調査研究協力者。「次世代の教育情報化推進事業（小学校プログラミング教育のため指導事例の創出等に関する調査研究）」協力者。日本生活科・総合的学習教育学会常任理事。

総合監修　西東京市立けやき小学校副校長　三田大樹

指導　医療法人社団たがみ小児科院長　田上尚道（からだ）
鹿児島大学准教授　齋藤美保子（食べ物）立教大学名誉教授　沖森卓也（言葉）
動物科学研究所所長　今泉忠明（生き物）　秀明大学教授　大山光晴（自然）

表紙絵　スタジオポノック／百瀬義行　© STUDIO PONOC

装丁・デザイン　株式会社マーグラ（香山大　鈴木智捺）

協力　アンケートに答えてくださったみなさん / 西日本高速道路株式会社 / 太田幸夫 / 交通科学博物館 / 株式会社大林組 / 財団法人 安全交通試験研究センター / 独立行政法人 造幣局東京支局 / 独立行政法人国立印刷局 / ミズノ株式会社 / 東武タワースカイツリー株式会社

参考文献　『子どものためのコルチャック先生』（ポプラ社）/『そだててあそぼう　サトウキビの絵本』（農山漁村文化協会）/『「粉もん」庶民の食文化』（朝日新聞出版）/『おもしろスポーツ史』（ポプラ社）/『Q&A 式しらべるサッカー サッカーの歴史～誕生から現在まで』（ベースボール・マガジン社）/『古代のスポーツとゲーム』（ベースボール・マガジン社）/『もっとうまくなる！　陸上競技』（ナツメ社）/『世界一なわとびピョンピョン強健法』（ハート出版）/『ワールドスポーツ大事典』（PHP 研究所）/『理解しやすい生物ⅠⅡ』（文英堂）

＊疑問の内容によっては、諸説あるものがあります。この本では、そのうちお子さまに適切だと思われる説を採用、説明しております。また、本文中の挿絵などで、記録が正確に残っていないものに関しては、理解しやすいように、独自に描き起こしている部分があります。
＊本書は、『なぜ？ どうして？ 身近なぎもん　４年生』（2011 年刊）を増補改訂したものです。

よみとく10分
なぜ？ どうして？ 身近なぎもん　4年生

2011年９月７日　第１刷発行
2019年12月17日　増補改訂版第１刷発行
2025年１月24日　増補改訂版第７刷発行

発行人　川畑　勝
編集人　高尾俊太郎
企画編集　西田恭子　井上 茜　矢部絵莉香
編集協力　勝家順子 / メルプランニング（星野和子　高橋由美　戸辺千裕　小川智子　前川祐美子）/ グループ・コロンブス
発行所　株式会社Gakken
〒141-8416　東京都品川区西五反田 2-11-8
印刷所　大日本印刷株式会社

この本に関する各種お問い合わせ先
• 本の内容については　下記サイトのお問い合わせフォームよりお願いします。
https://www.corp-gakken.co.jp/contact/
• 在庫については　Tel 03-6431-1197（販売部）
• 不良品（落丁、乱丁）については　Tel 0570-000577（学研業務センター）
〒354-0045 埼玉県入間郡三芳町上富 279-1
• 上記以外のお問い合わせは　Tel 0570-056-710(学研グループ総合案内)